AF377774

LES RICHESSES

DE LA

GUYANE FRANÇAISE

PAR

H.-A. COUDREAU

ANCIEN ÉLÈVE DE L'ÉCOLE DE CLUNY
PROFESSEUR AU COLLÈGE DE CAYENNE
MEMBRE DU COMITÉ D'EXPOSITION DE LA GUYANE FRANÇAISE.

Si la Guyane française au lieu d'être une
vieille terre était une découverte moderne, on
s'y précipiterait avec fureur.

SAINT-AMANT.

CAYENNE

Imprimerie du Gouvernement

1883

LES RICHESSES

DE LA

GUYANE FRANÇAISE

PAR

H.-A. COUDREAU

ANCIEN ÉLÈVE DE L'ÉCOLE DE CLUNY
PROFESSEUR AU COLLÈGE DE CAYENNE
MEMBRE DU COMITÉ D'EXPOSITION DE LA GUYANE FRANÇAISE.

> Si la Guyane française au lieu d'être une
> vieille terre était une découverte moderne, on
> s'y précipiterait avec fureur.
>
> SAINT-AMANT.

CAYENNE

Imprimerie du Gouvernement

—

1883

Cayenne, le 30 mars 1883.

Monsieur le Gouverneur,

Vous m'avez demandé une notice pour joindre aux produits que la colonie envoie à l'exposition d'Amsterdam.

Je suis heureux de pouvoir vous présenter un travail de M. Coudreau, membre du comité, sur les *Richesses forestières, pastorales, agricoles et minières de la Guyane française.*

Ce travail a dû, faute de temps, être terminé à la hâte. Cependant on n'y trouvera guère à ajouter ni à corriger. De plus, l'œuvre se recommande par la méthode, qui est claire et précise, et par le point de vue pratique auquel s'est placé l'auteur.

Convaincu, Monsieur le Gouverneur, que ce travail sera utile à la colonie dont il fera mieux connaître les richesses, je pense que vous voudrez bien l'accueillir favorablement.

Veuillez agréer, Monsieur le Gouverneur, l'assurance de mes sentiments très-respectueux.

Le Président du Comité,

A. HOURY.

NOTES

SUR

LES RICHESSES FORESTIÈRES, PASTORALES

AGRICOLES, MINIÈRES

DE LA

GUYANE FRANÇAISE

LIVRE Ier — LA FORÊT

LA GUYANE FRANÇAISE.

La Guyane française est une immense forêt bordée du côté de la mer par une vaste bande de terres alluvionnaires, large le plus souvent de 15 à 20 kilomètres. Son étendue, qui dépasse 350,000 kilomètres carrés, comprend les riches espaces limités par l'Atlantique, le Maroni, l'Amazone et le Rio-Branco. Mais sa population totale est tout au plus de 30,000 habitants, et aujourd'hui c'est à peine si on trouve, sur la côte et aux environs, quelques défrichements et quelques bandes de savanes plus ou moins entretenues. Presque partout règne la forêt vierge. Mais cette forêt, qui n'attend que la main de l'homme, est prodigue sous les Tropiques. La Guyane peut aisément devenir un des plus riches pays du globe, où abonderont les exploitations forestières, pastorales, agricoles et minières. Comme l'a si justement dit Saint-Amant : « *Si la Guyane au lieu d'être une vieille terre était une découverte* « *moderne, on s'y précipiterait avec fureur.* » D'ailleurs cette vieille terre est aujourd'hui encore aussi peu connue qu'au jour où Pinçon la découvrit.

C'est ce pays que nous voulons faire connaître. Nous envisagerons pour cela les quatre branches principales de ses richesses : la Forêt, les Savanes, les Cultures et les Mines.

CHAPITRE Ier.

LA FORÊT ET LES PRODUITS FORESTIERS.

La forêt est doublement précieuse : par ses bois, par ses produits.

Ses 260 essences n'ont pas de rivales dans le monde. Ses bois de dernière qualité sont encore supérieurs à nos peupliers d'Europe, ceux de première qualité sont les plus beaux que l'on connaisse. Les bois de la Guyane présentent toutes les qualités imaginables de dureté ou de souplesse, de résistance ou d'élasticité, de brillant et de poli. Ses bois précieux sont un des chefs-d'œuvre de la création. Quelques-uns offrent un parfum plus délicat que les plus suaves arômes, les autres des couleurs plus belles que celles des plus beaux marbres. Blanc de lait, noir de jais, rouge, rouge de sang, veiné, marbré, satiné, moucheté, jaune sombre, jaune clair, bleu de cobalt, bleu d'azur, vert tendre, toutes les couleurs de la palette ont été mises à contribution par la nature. Un hectare de bois dans la Guyane française pourrait fournir les éléments de la plus admirable mosaïque que l'on ait encore jamais vue. Il ne faut pas oublier que la France ne possède que 25 essences, et que les 260 que l'on connaît en Guyane ne représentent qu'une partie de la collection complète. En 1860, Agassiz remarquait à Para, dans une exposition des produits de l'Amazonie, une collection de 117 espèces de bois de couleur abattus sur un espace de moins de 75 hectares.

A une époque où le bois commence à manquer, où l'Europe est obligée de reboiser ses montagnes dénudées, n'est-il pas temps de se demander quelle sera la région, quel sera le peuple qui vont maintenant fournir le bois nécessaire à la consommation ? Il s'agit de grands intérêts, puisque la France seule importe

pour 200 millions de bois par an, et l'Europe entière pour plus
d'un milliard. Il semble que les innombrables cours d'eau de
la Guyane française n'attendent que l'installation de quelques
scieries pour fournir à l'Europe des millions de stères de bois.
Car les magnifiques essences de la grande forêt coloniale constituent une des grandes richesses, richesse frappante, palpable,
de la contrée. C'est une estimation bien modérée que d'attri-
buer 1,000 francs de bois à chaque hectare de forêt, et cette
évaluation porterait à 20 milliards de francs la valeur totale des
bois de la Guyane française dans ses limites d'aujourd'hui.

Ailleurs, les travaux de défrichement sont extrêmement coûteux et causent parfois la ruine des entreprises les mieux con-
çues ; dans la Guyane française les travaux de défrichement
consistent à débarrasser le sol de quelques milliards de francs
qui gisent à la surface et empêchent la culture.

Mais il y a dans la forêt autre chose à utiliser que les bois
rares et précieux réservés par la patiente économie des siècles à
l'ébénisterie, à la construction navale, au charronnage, à la
charpente et à tous les usages civils. La forêt produit : elle produit tous les ans ou même plusieurs fois par an. On peut utiliser la forêt sans la détruire. Les produits de la forêt, produits
spontanés, réguliers et certains, sont aussi riches que variés. Le
grand bois donne en abondance au chercheur qui parcourt ses
espaces des produits alimentaires, oléagineux, médicinaux, résineux, aromatiques, tinctoriaux et textiles.

On n'a pas assez insisté sur l'extrême importance des produits
forestiers dans cette région tropicale. Nous croyons même pouvoir dire que cette importance n'avait jamais frappé personne.
Cependant la forêt donne annuellement, elle donne en abondance,
sans culture et sans danger au colon ayant pour tout capital ses
deux bras. Parmi les produits alimentaires, elle donne : le cacao
sauvage, l'arrowroot, le touka ; parmi les oléagineux : l'aouara,
toutes les graines de palmier, le carapa, le ouabé, le caumou ;
parmi les produits médicinaux : la salsepareille, le copahu et

l'ipéca ; parmi les résineux : le caoutchouc et les autres ficus ; parmi les aromates : l'aloès, le bois de rose, l'arbre à l'encens et la vanille ; parmi les produits tinctoriaux : l'indigo sauvage ; pour la tannerie : les palétuviers ; parmi les textiles : le maho, le balourou, l'arrouma, le moucoumoucou, la pite. Pour utiliser ces richesses, point n'est besoin d'une longue patience, d'un outillage compliqué, d'une dispendieuse installation. Il n'y a qu'à se baisser et à prendre ; on peut ramasser le bien-être dans les forêts de la Guyane comme on cueille des marguerites dans nos prairies. Ce ne sont pas de riches industriels que ces Tapouyas qui vendent tous les ans sur la place du Para pour 15 millions de caoutchouc, 5 ou 6 millions de salsepareille et quelques millions de copahu, richesses qu'ils ont dérobées (en grande partie sur territoire français), à la forêt inépuisable et prodigue.

Battre le bois en quête de ses produits nous paraît un mode de prise de possession aussi lucratif que peu dangereux. Là où on n'entreprendra pas de gigantesques coupes blanches en vue de la grande exploitation forestière, des coupes intelligemment pratiquées ouvriront le grand bois à l'air et à la lumière et faciliteront la recherche des produits forestiers. D'ailleurs rien encore n'a été fait et les produits de la forêt ont été aussi respectés que la forêt elle-même.

CHAPITRE II.

DES PRINCIPAUX PRODUITS FORESTIERS.

Les produits forestiers de la Guyane sont innombrables. Ils présentent la variété la plus grande pouvant répondre à tous les besoins. Produits alimentaires, oléagineux, médicinaux, résineux, aromatiques, tinctoriaux, textiles, abondent dans cette terre que l'on désignait autrefois sous le nom de France Equinoxiale.

A la fin de cette étude nous donnons une nomenclature de la majeure partie de ces produits. Nous nous contentons ici d'en passer en revue les principaux.

I. — PRODUITS FORESTIERS ALIMENTAIRES.

Produits forestiers alimentaires ligneux.

Les Palmiers. — « L'espèce humaine, dit *Linnée*, a son « habitation naturelle au sein des régions tropicales, où les « palmiers lui fournissent spontanément une riche alimentation ; « elle s'établit artificiellement en dehors des tropiques, arra- « chant à une nature marâtre la chétive substance extraite des « céréales. » La Guyane possède 25 ou 30 variétés de palmiers. Chacun de ces arbres donne sa graine dont on mange, soit la pulpe extérieure, soit l'amande, soit les deux produits. Les palmiers fournissent un mets excellent : le « chou palmiste » qui atteint parfois la longueur d'un mètre et la grosseur de la cuisse. Ce chou est la ressource classique du voyageur perdu dans les bois.

Le Cacaoyer sylvestre. — Le cacaoyer sylvestre est très-répandu aux Tumuc-Humac, dans le haut bassin de l'Oyapock, où il vit en famille, sur les bords de l'Araouari et du Yari, dans le

Haut-Amazone et dans toute cette grande région intérieure s'étendant du Vincent-Pinçon au Rio-Negro. Territoire qu'on appelle aujourd'hui contesté, sans doute parce qu'il est exploité par les Brésiliens qui l'utilisent en attendant que la France fasse valoir ses droits. L'exploitation des cacaoyers sylvestres de nos forêts d'outre-Tumuc-Humac se solde annuellement sur la place de Para par une somme de 5 millions de francs. C'est sur les bords du Bas-Yari que nous prîmes, au dix-huitième siècle, les plants de cacaoyers qui ont formé les premières plantations de l'Ile-de-Cayenne. Les fruits sauvages sont un peu plus amers que ceux cultivés, mais un procédé de raffinage fort simple, bien connu des Brésiliens du Para, enlève tout goût d'amertume au chocolat du cacaoyer sylvestre.

L'Arrowroot. — L'arrowroot est extrait de la racine d'une marantacée, espèce d'arbrisseau aquatique fort répandu dans le pays.

Le Touka, dont le nom est déjà connu en France, est un des plus beaux arbres de la région tropicale. Quand il a atteint son développement complet, les plus gros noyers d'Europe paraîtraient petits auprès de lui.

Les toukas sont si communs dans les îles de l'Amazone que plusieurs bateaux partent tous les ans, quand la saison est venue, de Para et de Mapa, faire la récolte des cabosses. Ces cabosses, grosses au moins comme le poing, atteignent parfois une grosseur double. Leur enveloppe, extrêmement dure, renferme de une à deux douzaines d'amandes exquises, aussi fines que nos meilleures noisettes. Ces fruits singuliers tombent pendant un mois environ, de janvier à mars, et jonchent le sol de petits boulets de canon. Les ramasseurs de touka ne s'aventurent point sous les arbres avant que la saison soit complètement passée. Mais aussitôt les bateaux sont chargés, les amandes sont vendues au Brésil et dirigées vers l'Europe pour y être transformées en huile ou consommées comme fruit de dessert. Ces « castanha, » comme les appellent les Brésiliens, peuvent soutenir la comparaison avec les amandes de Provence les plus renommées. On trouve des toukas dans les forêts des environs de Cayenne. A Roura, il en existe des plantations. Le prix de la cabosse varie à Cayenne de 20 à 50 centimes. Chaque arbre peut en produire une centaine au moins, soit, par pied de touka, un revenu annuel de 20 à 50 francs.

Les Canari-Macaque (marmite des singes) sont au nombre des arbres les plus singuliers de la contrée. Ce sont deux espèces de couratari dont les fruits affectent la forme d'une petite marmite, au couvercle adhérent par une charnière mobile. L'un des deux couratari renferme dans son « canari » des amandes au goût fort agréable, l'autre, « l'arbre à la marmelade, » a son canari plein d'une espèce de confiture fort recherchée des singes et qui est comme le miel de la forêt. Les créoles font avec ce miel des préparations excellentes.

Les arbres de la forêt offrent au voyageur trois fruits délicats :

Le *Balata*, petit fruit du grand arbre du même nom. Ce fruit est gros comme une petite prune, son goût rappelle celui de la pêche. Malheureusement, pour faire la cueillette, il faut souvent couper l'arbre au pied, car les fruits du balata ne poussent que dans les hautes branches, et ceux qui tombent au pied de l'arbre ne valent rien, étant trop mûrs et desséchés par le soleil. Les *Mombins* donnent la prune-mombin généralement très-goûtée. On en tire une boisson rafraîchissante délicieuse. La *Carambole*, fruit du carambolier, est un fruit oblong, partagé en lobes cannelés. La chair en est jaune et l'épiderme rougeâtre. C'est le fruit de la région dont le goût se rapproche le plus de celui de la prune d'Europe.

Produits forestiers alimentaires herbacés.

Les herbacés du grand bois fournissent deux fruits exquis : l'ananas sauvage et la marie-tambour. *L'Ananas sauvage* n'est pas rare dans la forêt. Il est moins gros que l'ananas franc, mais son goût est aussi fin.

La Marie-Tambour est une liane fort commune sur le bord des criques. Son fruit, gros comme une noix, est formé d'une enveloppe pulpeuse de couleur jaune, renfermant une masse de petits noyaux granulés verdâtres, d'un goût délicat et parfumé.

Le Couzou appartient à la même famille, le fruit est identique à la marie-tambour, seulement il est gros comme un œuf.

L'Oyampis, ainsi nommé de la tribu indienne où on l'a trouvé pour la première fois, est un couzou plus gros qu'une orange. Ces trois fruits sont réellement délicieux. Les placériens qui remontent les criques ne manquent jamais de s'arrêter quand ils voient les lianes précieuses, pour remplir la partie libre du canot de ces beaux fruits aux couleurs d'or.

II. — PRODUITS FORESTIERS OLÉAGINEUX.

L'extrême abondance des graines oléagineuses dans les forêts de la contrée est telle qu'il semble que l'on puisse s'étonner à bon droit de ce qu'il n'exite pas à Cayenne, ou dans l'un des quartiers de la colonie, une *huilerie centrale* où convergeraient tous les produits recueillis sur les points abordables par eau. M. Michély avait établi à Cayenne une huilerie centrale en 1851. Il achetait ouabé, carapa, sésame à 4 francs le baril de graines — pouvant donner 21 litres d'huile, d'une valeur de 15 francs. — (Les huiles de drupe ont seules la propriété, comme on sait, de former des savons sans le secours de l'art, or ces huiles sont celles principalement fournies par la fabrication locale. Celles de graines sont propres à la fabrication de savons mous, à l'éclairage ordinaire, aux arts et la médecine). — En même temps que s'établissait à Cayenne l'huilerie centrale Michély, était créée à Neuilly, près de Paris, une manufacture d'huile d'aouara d'Afrique, qui fournissait 2,000 litres d'huile par jour. Tous ces essais ont été abandonnés. Depuis les débuts de l'industrie aurifère, il a été impossible de trouver dans la colonie des bras pour les industries agricoles.

La France, tributaire de l'étranger pour les graines oléagineuses et les huiles pour près de 150 millions par an, trouverait dans les forêts de la Guyane un véritable grenier d'abondance.

Produits forestiers oléagineux ligneux.

Les Palmiers. — Vingt ou trente espèces de palmiers poussent spontanément dans la région. Les palmiers sont surtout des oléagineux. Or, comme ils sont extrêmement répandus, on peut être certain que l'industrie de la fabrication des huiles est appelée à prendre en Guyane un immense développement. Le palmier peut être immédiatement utilisé, pour ainsi dire sans capital et sans bras, en se bornant à ramasser ses graines dans la forêt, qu'il serait d'ailleurs facile d'aménager en oléagineux dans certains cantons comme celui de Kourou, par exemple.

L'Aouara du pays ne pousse pas en touffe divergente offrant l'aspect d'un éventail comme l'aouara pays-nègre. Sa tige est droite, garnie de piquants et atteint jusqu'à 10 mètres. Ses fruits sont jaunes, tandis que ceux du palmier africain sont noirs. L'huile du palmier indigène ne diffère en rien de celle du palmier africain, sinon qu'elle lui est un peu supérieure. L'aouara du pays est extrêmement commun, on en peut trouver jusqu'à 300 à l'hectare, donnant 4 régimes par pied et 1 litre pas régime, soit 4 litres par arbre et près de 1,200 litres à l'hectare, d'une valeur de plus de 1,200 francs. Il est rare cependant de trouver ainsi l'aouara en famille, une moyenne de 100 pieds à l'hectare est déjà considérable. Mais on trouve cette moyenne dans un grand nombre de terres sablonneuses où on n'a qu'à détruire les arbres étrangers et à exploiter la plantation naturelle. Sans capitaux, avec ses deux bras, le colon peut ramasser autant de graines d'aouara qu'il en veut. Cette industrie n'est point inconnue aux Paraenses. De janvier à mars, époque de la grande maturité des aouaras, on peu ramasser en moyenne 25 régimes par jour, pendant 80 jours, soit 2,000 régimes, donnant 2,000 litres et valant plus de 2,000 francs. Ce travail ne prendrait au colon des côtes sablonneuses que les seuls loisirs de cette saison sèche. Les colons qui s'adonneraient à cette entreprise, pendant les temps où la concurrence ne serait pas forte, pourraient, en ramassant les aouaras, se faire des revenus considérables. L'aouara aura son jour dans la colonie. — Dans l'aouara indigène comme dans l'aouara pays nègre, c'est la pulpe extérieure ou parenchyme qui est utilisée. L'amande donne un corps gras, solide, appelé *tiotio* dans le pays ; on l'extrait au moyen d'une forte chaleur. A Sierra-Leone et à Maryland on vend ce produit, plus ou moins liquifié, sous le nom d'huile d'amande de palme ou de graisse africaine.

Le Caumou donne une huile blanche semblable à celle d'aouara, propre à l'alimentation, l'éclairage, la savonnerie. Les graines de caumou donnent en huile 18 p. 0/0 de leur poids total.

Le Carapa. — On en distingue deux variétés, aux fruits également oléagineux, le carapa rouge et le carapa blanc. Le carapa est un bel arbre, précieux en ébénisterie et fort répandu dans le bois. Ses fruits, de la grosseur du poing, sont à 4 valves. Ils laissent échapper à maturité, de février à juillet, une grande quantité d'amandes amères qui donnent une forte proportion d'huile. Cette huile, qui brûle sans fumée avec une belle flamme, est précieuse pour la saponification. Elle préserve de la piqûre des vers et des insectes les bois qui en sont enduits. Un pied de carapa donne 30 litres d'huile, à 1 franc le litre, soit un rendement de 30 francs par arbre. L'hectare peut contenir environ 50 pieds, soit un rendement de 1,500 francs à l'hectare. Le carapa est peut-être le seul arbre de la Guyane poussant en famille. Dans certaines régions, on trouve des forêts de carapa ne renfermant pas 10 p. 0/0 d'arbres étrangers. Tel est le cas des forêts de carapas du quartier de Kourou. Sur la rive gauche de ce fleuve, à une dizaine de kilomètres du bourg, on trouve des bois de 2 à 3,000 carapas vivant en famille. Ces arbres sont également abondants à l'Oyapock, au Ouanari, à Ouassa et aussi à l'Amazone, où on les appelle andirobas. Les propriétaires des forêts naturelles de carapas pourraient aisément les agrandir et les rendre régulières, en détruisant les arbres étrangers qui s'y trouvent. Le revenu net des carapas serait fort élevé, car les frais de récolte, de transport, de trituration et de pressurage ne seraient pas bien considérables. Le rendement obtenu par la meilleure méthode, qui est celle de la presse à froid, est énorme ; il est en huile de 50 p. 0/0 et même de 70 p. 0/0 du poids des amandes. De plus, on retire des tourteaux une espèce de suif assez estimé. Enfin, il faut remarquer qu'il n'y a pas de graines de perdues, car, même en complète germination, elles fournissent une huile aussi bonne que celle retirée des graines sèches.

L'aouara, le carapa et le caumou sont par excellence les trois arbres oléagineux de la contrée. Mais les autres oléagineux de la forêt, ligneux et herbacés, sont très-nombreux.

Produits forestiers oléagineux herbacés.

Le Ouabé. — Le ouabé est une liane qui grimpe sur des arbres ressemblant au carapa et au touka, ce qui la fait prendre parfois, mais à tort, pour un arbre de cette famille. Le fruit de cette liane a beaucoup de ressemblance avec celui du carapa. Il est à trois valves, contenant chacune une amande. Ces amandes renferment une si grande quantité d'huile qu'en les présentant au feu elles s'enflamment d'elles-mêmes. Des expériences ont permis de constater que l'amande du ouabé contenait de 70 à 75 p. 0/0 d'une huile vraiment magnifique, à la fois comestible et siccative. Le ouabé croît en abondance dans les terrains humides, sur les bords de la mer et des rivières. Le fruit est mûr en novembre et en décembre. Il serait alors aisé d'en ramasser une grande quantité de barils. — Dans la Guyane française, il est plus abondant dans les quartiers sous le vent que dans les quartiers au vent. — Les plantations de ouabé, faites de graines ou

de boutures, rapporteraient au bout de dix-huit mois. — C'est
avec l'écorce de l'amande du ouabé que sont fabriqués ces colliers et ces bracelets noirs si recherchés par les femmes créoles
des Antilles.

III. — PRODUITS FORESTIERS MÉDICINAUX.

La Guyane française est peut-être le pays du monde le plus
riche en plantes médicinales. On y connaît plus de 150 plantes,
herbes, arbustes ou grands arbres, ayant dans leurs feuilles,
leurs fruits, leur sève, leurs fleurs ou leurs racines des propriétés
déjà expérimentées. Un naturaliste peut aisément payer ses
voyages dans l'intérieur de la contrée en ramassant des plantes
médicinales.

Parmi les plantes dont les propriétés sont les mieux connues
en Europe la Guyane possède le copahu, le sassafras, le ricin,
le tamarin, le papayer, la salsepareille, l'ipéca. Toutes sont très-
communes et rien ne serait plus facile que de réaliser des bénéfices sérieux dans cette industrie destinée à prendre un jour
dans le pays un très-grand développement.

Déjà les Brésiliens du Para ramassent sur leurs terres (et sur
les nôtres) la salsepareille et l'ipéca, et exploitent le copahu et
le ricin. Cette industrie rapporte annuellement à la Province plus
de dix millions de francs.

Les naturalistes et les médecins qui ont étudié l'intérieur de
la Guyane française ont tous été frappés de l'extrême richesse
du pays en plantes médicinales. Ces trésors, comme tous les
autres dont ce pays regorge, n'attendent que la bonne volonté
des hommes.

Produits forestiers médicinaux ligneux.

Le Copahu est commun dans la région des montagnes. C'est
un grand et bel arbre employé dans la construction et l'ébénisterie. On n'a qu'à le percer avec une tarière pour en retirer
le lait qui s'écoule aussitôt. Les Brésiliens de Para vont exploi-

ter le copahu jusque sur les rives du Haut-Oyapock. Un travailleur peut recueillir dans sa journée 15 kilogrammes environ de copahu, ce qui représente, à 4 francs le kilogramme, prix moyen, 60 francs pour une journée de travailleur.

Le Sassafras, dont on connaît l'emploi dans les maladies vénériennes, n'est pas rare dans les forêts.

Le Ricin ou *Palma-Christi* est un des végétaux caractéristiques de la flore guyanaise. Le ricin abonde de la côte aux montagnes et des montagnes à l'Amazone.

Le Tamarin, également très-répandu, n'a guère été employé jusqu'à ce jour dans la colonie que pour la construction.

Le Papayer est un des arbres les plus communs du pays. On sait qu'on a déjà commencé en Europe à retirer du fruit du papayer la papaïne, qui a les mêmes propriétés que la pepsine.

Produits forestiers médicinaux herbacés.

Le plus répandu est la *Salsepareille*. C'est en ramassant de la salsepareille à l'Approuague que l'Indien brésilien Paoline découvrit les placers de la Guyane française. Les Tapouyas et les Brésiliens de Para s'adonnent en grand à la recherche et à la préparation de la salsepareille. Un travailleur peut ramasser dans sa journée, laver et sécher, 10 kilogrammes de racines. Ce qui, au prix moyen de 5 francs le kilogramme, lui fait une journée de 50 francs. Les racines, une fois séchées, on les boucane pendant vingt-quatre heures sur un feu lent et on en fait des bottes d'une quinzaine de kilogrammes chacune. Para exporte annuellement pour plus de salsepareille que la Guyane française n'exporte d'or.

L'Ipéca (Ipécuanha), si recherché dans la médecine brésilienne, est également apprécié en Europe. L'ipéca n'est pas rare dans les forêts de la Guyane.

IV. — PRODUITS FORESTIERS RÉSINEUX. (Gommes, résines, baumes. — Tous ligneux.)

Le Caoutchouc, connu de tous temps des Indiens qui le nommaient *Siringa*, a été pour la première fois décrit par Lacondamine à la suite de son voyage de l'Amazone, en 1745. Cinquante plantes différentes donnent des gommes plus ou moins analogues au caoutchouc, tant dans l'Ancien-Monde que dans le Nouveau, mais en trop petite quantité ou de qualité trop médiocre pour rémunérer l'exploitation. Cependant la consommation qui en devient de plus en plus considérable obligera les producteurs à utiliser de nouveaux ficus. Le meilleur caoutchouc est produit par le caoutchoutier de l'Amazone, très-répandu dans les îles et sur les rives du fleuve. A l'embouchure de la rivière, et surtout sur la rive gauche, entre l'Araouari et le Yari, il vivrait en famille à ce qu'on assure. Le caoutchoutier des îles de l'Amazone est un des plus riches. Chaque arbre peut donner 54 litres de lait, soit 18 kilogrammes de caoutchouc, à 4 francs le kilogramme, soit 72 francs par pied. Ce caoutchouc est des plus estimés. L'exploitation en serait facile ; si on le plantait de boutures, au bout de dix ans l'arbre pourrait supporter des incisions. Mais actuellement on ne se donne pas la peine de planter, car il est encore très-répandu. — Dans les îles de l'Amazone, dans la région Dos-Canaes, à l'embouchure du Yari (Saô-Antonio), régions qui sont le centre de l'exploitation, on appelle seringueros les gens qui incisent le caoutchouc (de siringa parce que les Tapouyas en faisaient des seringues). Leur travail, qui rappelle celui des extracteurs de résine de nos forêts de pins, est fort lucratif, par homme et par jour il donne 15 kilogrammes de caoutchouc, à 4 francs, prix moyen, soit 60 francs par jour. Et le caoutchouc se vend jusqu'à 8 francs le kilogramme ! La saison pendant laquelle les seringueros se répandent dans la forêt dure d'avril à décembre. Ce qui représente par homme environ 200 jours de travail, assurant une récolte atteignant le chiffre de 3,000 kilogrammes de caoutchouc et la valeur de 12,000 francs. Un kilomètre carré nourrit parfois jusqu'à 10,000 pieds, et 20 personnes en peuvent en faire la récolte, qui vaut près d'un million. Plus de 10,000 Paraenses et Tapouyas se livrent annuellement à cette industrie. Para vend pour 15 millions de gomme par an, trois fois plus que la Guyane française ne vend d'or. — Les caoutchoutiers ne sont pourtant pas rares en Guyane. Les Cayennais n'auraient pas même besoin d'aller chercher aux extrémités sud-orientales de leur territoire les arbres précieux : ils se trouvent aux portes de Cayenne. Tous les petits mornes de rivière, de 12 à 15 mètres d'élévation en recèlent. Dans les hauts des rivières ils doivent vivre en famille. Fusée-Aublet les savait communs à l'Approuague, à la Comté, à la crique Galibi. Plusieurs placériens en ont vu et incisé dans les bois de cette région. En 1851, l'Administration de Cayenne engageait les personnes industrieuses à s'adonner à la recherche du caoutchouc. On pensait qu'il se trouvait dans les forêts de l'Ile-de-Cayenne. L'arbre a vingt mètres de hauteur sur un mètre de diamètre à la base, l'écorce en est grisâtre et le bois blanc. Son fruit (sa graine) a le goût de la noisette. « Les Galibis et les Garipons mangent ces « graines, dit Fusée-Aublet, j'en ai mangé aussi, les ai trou- « vées excellentes et n'ai pas été incommodé. » Quand on découvrit l'or à l'Arataie, on y découvrit aussi le caoutchoutier. P. Chaton, ancien consul de France à Para, se fit l'apologiste du caoutchouc et ne manqua pas de répéter à ses compatriotes de la Guyane que les Brésiliens de Para faisaient dans cette industrie des fortunes réellement considérables. Cayenne envoya en France quelques kilogrammes de gomme, mais seulement comme curiosité, et ne s'émut pas davantage. Pourtant dès le temps de Fusée-Aublet les Indiens faisaient grand cas de l'arbre qu'ils appelaient siringa. « Pour peu qu'on entaille l'écorce du « tronc de cet arbre, il en découle un suc laiteux, et quand « on veut en tirer une grande quantité on commence par « faire au bas du tronc une entaille profonde qui pénètre dans « le bois, on fait ensuite une incision qui prend du haut du « tronc jusqu'à l'entaille, et par distance on en pratique d'autres

« latérales et obliques qui viennent aboutir à l'incision longi-
« tudinale. Toutes ces incisions ainsi pratiquées conduisent le
« suc laiteux dans un vase placé à l'ouverture de l'entaille; le
« suc s'épaissit, perd son humidité et devient une résine molle,
« roussâtre et élastique. Lorsqu'il est très-récent, il prend la
« forme des instruments et des vases sur lesquels on l'applique
« couche par couche. On fait sécher à mesure en exposant à
« la chaleur du feu. Cette couverture peut devenir plus ou
« moins épaisse ; elle est toujours molle et flexible. Si les vases
« sont en terre glaise, on introduit de l'eau pour la délayer et
« la faire sortir, si c'est un vase de terre cuite, on le brise en
« petits morceaux : c'est la façon d'opérer des Garipons. — Les
« Indiens savent aussi utiliser en torches la gomme-résine du
« caoutchouc. » (Fusée-Aublet).

Le Balata franc ou *saignant*. — C'est cet arbre qui donne la
gutta-percha. Malheureusement le lait se concrète et ne coule
pas en abondance, ce qui rend l'exploitation peu lucrative.

V. — Produits forestiers aromatiques.

Produits forestiers aromatiques ligneux.

La forêt est riche en aromates. Les plus fameux, parmi les
arbres, sont l'arbre à l'encens et le bois de rose.

L'Arbre à l'encens, est généralement très-commun dans les
forêts de la Guyane, et dans certains cantons il vit presque en
famille. Cet arbre pourrait, tout comme le caoutchouc, être
exploité de suite, sans faire de plantations. Son encens, appelé
résine élémi, est récolté, en fort petite quantité il est vrai, par
les Créoles, qui vendent cet encens aux églises de la colonie qui
toutes en font usage. Cet encens brut, bien qu'il n'ait pas subi
la moindre préparation chimique, peut rivaliser avec les meilleurs encens connus.

Les bois de rose et particulièrement le *rose femelle* fournissent
par la distillation de leur bois une grande quantité d'essence de
rose absolument semblable à celle de l'Orient. Le rose femelle

est commun dans la forêt, et la matière première ne manquerait point à une usine qui s'établirait dans la colonie pour la fabrication de l'essence précieuse.

Produits forestiers aromatiques herbacés.

La Vanille. — La vanille n'est pas rare dans l'intérieur. Au plus profond des grands bois on la voit le long des rivières tomber en guirlandes de la cîme des grands arbres au niveau de l'eau. Elle affectionne particulièrement le bois sucré. La cueillette est difficile, parce que les gousses se trouvent généralement à la cîme des arbres, d'où elles reçoivent plus directement les influences de la lumière et du soleil. Cependant, il n'était pas jadis de nègre ou de Peau-Rouge qui revint du grand bois sans sa provision de gousses de vanille enlevées ainsi à la gourmandise des singes et des oiseaux. Car la nature accomplit dans les forêts de la Guyane ce que la main de l'homme est obligée de faire dans les vanillières : la reproduction. La vanille des bois, appelée vanillon dans la colonie, est moins prisée que la vanille cultivée, mais une bonne préparation peut la mettre à la hauteur de l'autre.

Outre la vanille, le Bois fournit encore *l'Aloès,* cette plante précieuse qui, parmi ses nombreuses propriétés, compte celle de fournir un parfum recherché.

VI. — PRODUITS FORESTIERS TINCTORIAUX. — TANNERIE.

Produits forestiers tinctoriaux ligneux.

La forêt possède sans doute un grand nombre d'arbres ayant des propriétés tinctoriales, car les Indiens en connaissent une dizaine dont ils savent tirer parti. Il est regrettable que personne dans la colonie se soit encore livré à l'industrie des arbres à teinture, car l'expérience faite sur les essences connues a été des plus satisfaisantes.

Le plus connu, le plus précieux et le plus commun des arbres tinctoriaux de la Guyane française est *le Génipa*. Les Indiens le connaissent depuis fort longtemps, car toutes les tribus l'emploient en même temps que le roucou. C'est le jus de son fruit qu'on utilise. Ce jus, d'abord bleu clair, devient ensuite tellement noir, qu'on peut s'en servir pour écrire. Les femmes indiennes s'en servent pour peindre leurs maris en noir quand ils sont las de la couleur rouge.

Produits forestiers tinctoriaux herbacés.

L'Herbe à indigo ou *Indigo sauvage* est une plante commune dans les terres basses et marécageuses de la contrée, principalement dans les pinotières de l'Approuague. On coupe quelques brassées d'herbe, on les soumet à la préparation et on en retire une belle teinture. Un habitant de Cayenne en fournit longtemps la colonie entière (de 1850 à 1860), cherchant l'herbe sauvage quand on lui demandait de la teinture et la préparant dans sa batterie de cuisine. Ce produit sauvage n'est guère inférieur à l'indigo du Bengale. On peut faire de 4 à 8 coupes par an de cette herbe, qui repousse en moins de deux mois. Il serait possible de se livrer actuellement en Guyane à l'industrie indigotière, sans être obligé au préalable de faire des plantations. La France importe annuellement pour plus de 20 millions de francs d'indigo. Avant la Révolution, c'était notre colonie de Saint-Domingue qui en fournissait le monde. Maintenant c'est le Bengale qui en a le monopole.

Tannerie.

En Guyane, les côtes de l'Océan, les bords des rivières et l'intérieur des terres présentent en grande abonnance un arbre précieux à divers titres : *le Palétuvier*. Une des propriétés les plus remarquables du palétuvier est son extrême richesse en tannin.

Le palétuvier grand bois, le palétuvier montagne, sont au nombre des arbres les plus riches en tannin. Mais l'écorce du *palétuvier rouge* en contient six fois plus que celle du chêne. Cette particularité ne peut manquer de faire un jour du palétuvier rouge un des arbres les plus recherchés de la région.

VII. — PRODUITS FORESTIERS TEXTILES. — PAPIER, VANNERIE, SPARTERIE.

Produits forestiers textiles ligneux.

Les Palmiers. — Tous les palmiers sont textiles. Par leurs fibres, leurs filaments, ils sont propres à la fabrication de tous les objets de vannerie et de sparterie. Ils fournissent des cordes et des cordages en même temps que des tissus, des plus grossiers aux plus fins. Leurs fibres peuvent encore fournir d'excellente pâte à papier. La décortication des fibres en vue de leur utilisation comme textile est des plus simples et accessible aux petits capitaux. On peut en tirer aussi des chapeaux aussi fins que ceux de Panama. Les pagnes, dites de Madagascar, dont les élégantes font des chapeaux, sont tirées des fibres de palmier. Les Indiens connaissaient parfaitement les divers usages de cet arbre précieux : c'est des fibres du bâche que les Mayés tiraient le fil dont ils se servaient pour fabriquer leurs fameux hamacs, d'autres tribus utilisaient le conana, l'aouara, le maripa, le paripou, le caumou, le pataoua, le moucaya, le pinot, le sampa, le palmiste, le macoupi, l'ungaravé, le zaguenette, le chiqui-chiqui, etc.

Les Maho. — Les six variétés de maho ont une écorce textile capable de remplacer le chanvre. Tout comme les cinq autres, le gigantesque maho taoub peut fournir des cordes, du fil et servir à la fabrication des vêtements. Son fil est même très-beau : il a des reflets argentés. Mais le meilleur des six maho est le *petit maho*. Les Indiens utilisaient les maho pour la confection des cordes, ils en tiraient aussi des étoupes pour calfater leurs canots. Les Galibis en faisaient des hamacs magnifiques que l'on croirait encore aujourd'hui, après bien des années d'usage, faits de jute et de fil d'argent. L'abondance des maho dans la contrée, et particulièrement du petit maho, qui couvre les terres sablonneuses des bords de la mer, permet de se livrer en grand à l'exploitation de ce textile.

Les Fromagers. — La ouate de ces arbres gigantesques est à peu près semblable au coton, mais beaucoup plus courte et donnant difficilement des fils. Aux États-Unis, on en fabrique des chapeaux. Un Gouverneur de la Guyane française s'en confectionna un vêtement dans lequel il se présenta à Versailles. Comme feutre et comme ouate, le duvet du fromager serait réellement précieux, si on en juge par le cas qu'on en fait aux États-Unis.

L'Aloès, commun dans la colonie, donne, comme on sait, après battage et rouissage, des fils blancs et soyeux.

Produits forestiers textiles herbacés.

On ne saurait trop insister sur l'importance que présentent dans cette région les textiles herbacés, plus abondants, plus variés et plus riches encore que les textiles ligneux. Ces plantes précieuses se prêtent à des emplois multiples : tissus, sparterie, papier, vannerie. Cinq surtout méritent une mention spéciale : le balourou, le balisier, l'arrouma, le moucoumoucou et la pite.

Le Balourou et *le Balisier*. — Rappelant par la forme le bananier. Le balourou est providentiel dans la contrée ; on l'emploie à tout, sa graine nourrit les oiseaux, ses feuilles sont employées à envelopper toute chose, à faire des paniers, à couvrir les cases, les hangars, les carbets. C'est un textile précieux. Mais il pourrait être plus avantageusement utilisé en le transformant en pâte à papier brute. Son extrême abondance, car il tapisse dans bien des endroits le sol de la forêt et presque partout forme des bordures le long des criques ou sur le bord des pripris, permettrait, sans grande installation, sans grandes dépenses, d'en tirer d'énormes bénéfices. D'après le général Bernard, le papier de balourou est un des plus beaux que l'on connaisse. Pousse comme l'ortie, se multiplie comme le chiendent ; il sera même difficile de l'extirper jamais d'une façon complète.

L'Arrouma a deux variétés : la rouge et la blanche. Très-commun dans les pripris. Il rendrait dans la sparterie les services que rendrait le balourou dans la fabrication du papier et le petit maho comme textile. Il atteint la hauteur de 4 mètres, supérieure à celle du bananier et surtout du balourou. C'est dans les savanes basses noyées et dans les pripris qu'il se plait et qu'il atteint ses plus grandes dimensions. Il pousse en éventail de longues feuilles à forte côte. C'est cette côte qui serait surtout précieuse dans la sparterie. Les feuilles, que l'on divise avec les dents en lanières minces comme une feuille de papier, sont textiles. Ce sont les Indiens qui ont montré aux Créoles le parti qu'on pouvait tirer de l'arrouma. L'arrouma était par excellence l'herbe des Indiens. Ils en faisaient des *pagaras,* corbeilles légères, munies d'un couvercle ; des *catouris,* espèces de hottes ; des *ouaouaris,* éventails à souffler le feu ; des *matoutous,* espèces de nattes ou tapis ; des *bacallas,* petits paniers peints en mosaïque et d'un tissu délicat ; des *couleuvres* ou presses à manioc ; des *manarets, borgnes, gouris* et autres ustensiles de vannerie. L'arrouma remplacerait avantageusement le rotang dans tous les ouvrages auxquels on emploie actuellement celui-ci.

Le Moucoumoucou tient un peu du balourou, mais beaucoup de la tayove. Il est extrêmement commun dans les terres basses où il forme d'épais cordons le long des rivières. Peut être employé à la fabrication du papier.

La Pite. — La Pite ressemble à l'ananas. C'est le véritable chanvre du pays. On la taille, la rouit et la bat comme le chanvre. Ses fils, blancs, longs et soyeux, sont supérieurs à ceux du maho. Ses usages sont depuis longtemps connus des Indiens qui l'emploient concurremment avec le maho. Au Para, les Tapouyas et les Brésiliens en font des bas et des gants. L'Espagne cultivait autrefois la pite pour en faire de la dentelle.

CHAPITRE III.

L'EXPLOITATION DES BOIS.

Jusqu'à ce jour l'exploitation forestière a été en enfance dans la Guyane. Elle s'est faite d'après les procédés les plus primitifs, sans machines, avec peu de bras, et des bras coûtant plus cher encore que ceux qu'on aurait pu recruter en Europe. Les Etats-Unis fournissent à Cayenne des planches de sapin pour les travaux de menuiserie, pendant que cent espèces précieuses pourrissent aux portes de la ville dans les forêts d'à côté. Ces admirables essences guyanaises, inutilisées aujourd'hui, sont pourtant aussi riches que variées. Pour s'en convaincre, il suffit de jeter un coup d'œil sur la nomenclature des bois de la Guyane que nous donnons à la fin de cette étude.

Les pessimistes font une douzaine d'objections à l'exploitation forestière en Guyane :

1. Les arbres, disent-ils, ne poussent pas par famille, ce qui occasionne une grande perte de temps. Aux Etats-Unis, au contraire, les sapins vivent toujours en famille, ce qui facilite l'exploitation. — Sans doute, mais ces sapins qu'on trouve en famille aux Etats-Unis, on ne les trouve qu'à 3 ou 4,000 mètres d'altitude et c'est là qu'il faut aller les chercher. En Guyane, au contraire, les essences que l'on exploitera s'étagent entre le niveau de la mer et une altitude de 3 à 400 mètres. Qu'importe que les essences ne vivent pas en famille ? Il faut les exploiter toutes, abattre tous les arbres, couper la forêt à pied. On exploitera sur une grande échelle, puis on classera les essences, mettant ainsi à profit le luxueux désordre de la forêt. « A côté d'un balata, on trouvera un ouacapou, un simarouba, un cèdre noir, un grignon fou, un langoussi. Débitez le *balata* en pièces propres

aux machines, en bois de charpente, et les bouts en longrines pour les chemins de fer, une bonne scie, mue par une locomobile, se chargera de cette opération, et vous trouverez dans le tronc des pièces qui, pour les machines, donneront de 2 à 300 fr. Choisissez dans le *ouacapou* les pièces qui peuvent être utilisées pour la marine et ensuite pour la construction civile. Faites des planches avec le *simarouba* au moyen d'une scie circulaire à grand diamètre qui sera mue par la locomobile, les planches de simarouba se vendront dans la contrée même pour les travaux d'intérieur. Avec le *cèdre noir* qui se scie très-facilement, vous ferez des bordages incorruptiles qui sont fort appréciés en Europe. Avec le *grignon fou*, vous aurez des planches à l'usage du pays et que vous pourrez aussi exporter. Avec le *langoussi*, vous aurez des bois courbes que vous enverrez en Europe. » (Chaton).

2. L'exploitation des bois d'ébénisterie et de construction ne peut être considérée dans la région que comme une industrie locale destinée à fournir aux besoins du pays. Car, dit-on, on n'a fait jusqu'à ce jour en France que des demandes peu importantes. — Il est évident que malgré leur excellence nos bois de Guyane ne peuvent avoir une réputation solidement établie avant d'avoir été exploités.

3. La nature des bois de construction de la contrée, à quelques exceptions près, est, dit-on, peu favorable à la construction des navires. — Qui donc a trouvé cela ? C'est le fait contraire qui a été reconnu vrai, non-seulement par l'industrie privée, mais encore par tous les hommes officiels chargés d'expérimenter ces bois.

4. Le prix de revient est trop élevé. — Les bois de Guyane ne sont pas encore cotés, il est vrai, à leur juste valeur ; mais, dans l'état actuel des prix on peut encore faire 30 francs de bénéfice par stère. Le stère de bois de Guyane, rendu en France, revient à 100 francs et se vend jusqu'à 130.

5. Beaucoup d'arbres sont vicieux, ce qu'on ne reconnaît qu'après les avoir abattus. Ils renferment des tares intérieures qu'au-

cun signe extérieur n'annonce. — Il faut fendre par le cœur tous les gros sujets, tant pour s'assurer de leur état que pour empêcher les gerçures qui ne manqueraient pas de se produire si le cœur, bien qu'intact, n'était pas exposé à l'air.

6. On cite quelques personnes qui ont monté des scieries et qui n'ont pas réussi. — On pourrait en nommer un bien plus grand nombre qui ont fait leur fortune dans l'exploitation des bois.

7. On cite l'exemple de l'Administration pénitentiaire qui, d'après certains, n'aurait pas obtenu dans ses chantiers forestiers de succès bien remarquables. — Le fait certain est que l'exploitation forestière a toujours donné des bénéfices à l'Administration susnommée, malgré les moyens imparfaits qu'elle avait à sa disposition. Que serait-ce si les forêts étaient mises en coupe par des hommes du métier, appuyés sur de puissants capitaux, et faisant travailler pour leur compte personnel !

8. Comment pourra-t-on, disent les pessimistes, utiliser les branches faibles, les racines et les fagots ? En France, rien ne se perd. — On en fera du charbon qui trouvera bien aisément un débouché sur place. L'industrie du charbonnage a toujours été prospère dans la colonie, et encore aujourd'hui elle se soutient fort bien.

9. Et le hâlage pour atteindre le point d'embarquement, comment le faire à force de bras dans un pays si peu peuplé ? — On le fera avec les Decauville, petits chemins de fer qui conduiront les bois au dégrad. Car on opère en grand, bien entendu, sans cela il faudrait se contenter d'exploiter sur quelques centaines de mètres de profondeur le long de la rivière.

10. Les bois sont fondriers. Il faudra les charger sur le Decauville, comment charger ces bois énormes sur ce petit chemin de fer ? — On les tronçonnera sur place, au préalable, au moyen d'une locomobile.

11. Il faudrait assurer le débouché. La consommation n'est

pas habituée à ces essences. — On fera de la réclame. Le bon
marché et la supériorité d'une denrée finissent toujours par la
faire prévaloir sur les produits similaires inférieurs et plus chers.
On n'assure pas un débouché, on le crée, on le force. Il faut
commencer par produire.

12. Il faudrait, pour travailler ces bois très-durs, soit dans
l'ébénisterie, soit dans la construction navale, modifier l'outillage. — Peut-être moins qu'on le croit ; mais qu'importe ? Tout nouveau produit, toute invention nouvelle, nécessitent des modifi-
cations importantes, de véritables révolutions dans l'outillage.
C'est un fait banal. Le monde économique est mouvement,
changement et progrès.

Il est des conclusions qui sont classiques dans la matière et
que nous allons citer textuellement pour terminer cette étude.
Elles sont extraites d'un rapport de M. de Laparent, directeur
des constructions navales, l'un des hommes les plus compétents
dans la question des bois.

« Il y a lieu de donner une grande extension à l'exploitation
« des immenses forêts de cette région, forêts dont certaines
« essences annoncent des qualités exceptionnelles d'élasticité,
« de force et de durée. Les essais comparatifs suivants faits du
« chêne de France, du teck de l'Inde et des bois injectés au
« sulfate de cuivre ne peuvent laisser aucun doute à ce sujet.

Essences.	Poids du mètre cube	Nombres proportionnels.	
		A l'élasticité.	A la résistance à la rupture.
Chêne de forêt.......	745^k	1,000	1,000
Teck (qualité supérieure)	650	2,000	1,920
Teck tendre.........	590	1,100	1,330
Hêtre injecté........	790	1,420	1,100
Peuplier injecté.......	390	665	830
Angélique...........	770	2,250	1,800
Coupi.............	1,100	1,760	1,660

| | | Nombres proportionnels. | |
Essences.	Poids du mètre cube	A l'élasticité.	A la résistance à la rupture.
Bois violet............	845	2,250	2,650
Ouaçapou............	842	2,000	2,000
Balata..............	1,070	3,325	3,150
Courbaril...........	940	4,000	2,825
Taoub...............	865	2,000	2,000
Saint-Martin.........	930	2,000	2,325
Cèdre noir...........	800	1,820	2,325

« Sans vouloir attacher une importance absolue à ces expé-
« riences qui demanderaient à être répétées et variées, on ne
« peut s'empêcher d'être frappé de l'infériorité du chêne de nos
« forêts de France sous le rapport de l'élasticité et de la soli-
« dité. Mais, quelle que soit l'importance que l'on doive attri-
« buer à ces conditions, il en est une qui dans les construc-
« tions navales doit primer toutes les autres, c'est celle de la
« durée. Or, voici le tableau des pertes combinées de force et
« de durée, après un séjour de six mois en terre ou dans le
« fumier.

Chêne de forêt, 30,5 p. 0/0 de perte.
Teck supérieur, 16,50.
Teck tendre, 25.

Hêtre injecté, 30.
Peuplier injecté, 10.

Angélique, 5.
Coupi, 0.
Bois violet, 0.
Ouaçapou, 0.
Balata, 10.
Courbaril, 12,50.
Saint-Martin, 14,75.
Cèdre noir, 22,50.
Taoub, 31,75.

« Ces expériences sont si significatives, qu'il est impossible
« de ne pas être frappé de l'étonnante supériorité, à tous les
« points de vue, des essences américaines.

« L'angélique, principalement, paraît appelée à rendre les
« plus grands services aux constructions navales, parce qu'in-
« dépendamment de ses qualités de dureté et d'élasticité, de force
« et de durée, sa densité ne dépasse pas celle du chêne ordi-
« naire. Les autres essences sont au contraire un peu lourdes,
« sans qu'il y ait cependant excès à leur égard. Leur place
« serait dans le fond des navires, tandis que l'angélique rem-
« placerait avantageusement le teck dans le bordé sous blindage.

« J'ajouterai, en terminant, que la plupart de ces essences
« conviendraient merveilleusement aux traverses de chemin de
« fer, attendu qu'elles possèdent les qualités les plus recher-
« chées pour cet emploi : une longue durée et une pesanteur
« spécifique qui contribue à la solidité de la voie. »

Depuis le rapport de M. de Laparent, de nouveaux
essais ont été faits sur une assez grande échelle à Brest, à
Cherbourg et sur le chemin de fer de l'Ouest (embranchement
de Mantes). Ils n'ont fait que confirmer les expériences du savent ingénieur. Les fabricants de Paris ont aussi été à même
d'apprécier les avantages que présente pour l'ébénisterie l'emploi des bois de la Guyane. Ils offrent, par la richesse et la variété de leurs nuances, des ressources précieuses pour la construction des wagons, les cabines de navire, les ameublements,
la marqueterie et tous les ouvrages de luxe.

Ainsi, l'exploitation des bois précieux, des bois de construction navale et des bois communs rivaliserait de richesse avec
l'exploitation des produits forestiers.

Mais la France, après trois siècles, en est à apprendre l'alphabet
des richesses de sa colonie.

LIVRE II. — LES SAVANES

CHAPITRE Ier.

LES SAVANES.

Quand on sort de la forêt c'est pour rentrer dans la *savane*. On appelle Savane dans la Guyane française ce qu'on appelle la Prairie dans l'Amérique du nord, les Llanos à l'Orénoque, la Pampa dans l'Argentine. Mais les caractères ne sont pas absolument les mêmes. La savane, soit dans les terres basses, soit dans les terres hautes, est peu herbue. Les graminées qui la couvrent sont clairsemées et de peu de hauteur. Parfois l'herbe est fine et tendre, mais le plus souvent grosse et rugueuse. La qualité de l'herbe dépend principalement de l'aménagement des eaux. Avec quelques travaux d'irrigation et de drainage, quelques semis de bonnes herbes, les plus mauvaises savanes se transformeraient rapidement en excellents pâturages.

La savane se présente généralement sous la forme d'une longue vallée ou d'un long coteau enchâssé dans la forêt. Ainsi, de longs rubans de savanes, rayés de rivières encore inconnues, se déroulent entre l'Oyapock et l'Amazone. « Les Indiens font à cheval, dit La Condamine, ce trajet en deux jours. » La partie septentrionale de l'île de Marajo est occupée par le prolongement de cette zone de pâturages, et les Brésiliens y font paître des centaines de milliers de bœufs et de chevaux.

L'immense route herbeuse des grands bois s'étend parfois sur plusieurs centaines de kilomètres de longueur, mais le plus souvent sa largeur n'est que de quelques kilomètres. En long et en large la savane est divisée en plusieurs compartiments par des rideaux de baches et d'aouaras. Souvent un ruisselet, sorti de quelque roche pour se perdre dans le pripri, arrose les haies

de la savane; parfois un lac étend ses eaux dans les fissures du
granit : lac et ruisseau aliment d'eau potable le bétail de la savane. Ce bétail vit librement, voyage de canton en canton, de
colonie en colonie, de l'Oyapock à l'Amazone. Dans les savanes
d'Iracoubo, qui s'étendent d'Organabo à Macouria, on voit passer
de petites bandes de chevaux sauvages, venant on ne sait d'où,
échappés, sans doute, de quelque parc lointain mal enclos. Au
territoire dit contesté, bœufs et chevaux parcourent librement la
grande savane d'Ouassa. Ils voyagent par centaines et par milliers dans la grande plaine herbeuse, plus grande que quatre dé-
partements français. Les gens entreprenants de l'Apureme et de
Mapa, quand ils sont pressés d'un désir de fortune, chassent les
bêtes au lazzo et viennent les vendre ensuite sur le marché de
Cayenne. Car la Guyane française, avec ses 30,000 kilomètres
carrés de savanes, ne nourrit pas plus de 5,000 têtes de bêtes
à cornes.

Les savanes sont loin d'offrir un aspect uniforme. De la côte
aux montagnes et des montagnes à l'Amazone, elles présentent
environ neuf aspects différents. On distingue les savanes noyées,
les hauts pâturages salés, les savanes tremblantes, les pripris
ou pinotières, les savanes basses, les savanes moyennes, les
savanes sèches ou savanes hautes, les hauts pâturages secs, et
enfin les prairies artificielles.

1° Sur le bord de la mer, dont le flot atteint directement
leurs herbes, ou derrière le rideau de palétuviers qui borde la
rive, se trouvent dans maint endroit de la côte des prairies basses
que le flot marin couvre de quelques pieds d'eau pendant la
plus grande partie de l'année. Dans ces *savanes noyées* ou *bas
pâturages salés,* poussent les herbes aquatiques et s'ébattent les
oiseaux d'eau. Le fond en est ferme, on peut généralement y
chasser sans danger, si on ne répugne pas à entrer au besoin
dans l'eau jusqu'à mi-corps. Des boas constrictor, appelés mo-
destement couleuvres dans le pays, sont les paisibles domina-
teurs de ces espaces marécageux qui ne présentent actuellement

d'autre utilité et d'autre emploi que la chasse. Pourtant quelques digues, quelques canaux d'écoulement, suffiraient à racheter d'immenses espaces le long de la côte de l'Atlantique, entre le Maroni et l'Amazone. Les terres ainsi conquises feraient d'excellentes savanes, à la condition de brûler, après le desséchement, les herbes aquatiques, roseaux, joncs et carex, uniques produits du sol argileux, et de semer à la place des herbes de Guinée et de Para. On pourrait également utiliser ces terres pour les cultures tropicales, qui seraient là dans leur zone de prédilection. C'était l'idée du fameux ingénieur suisse Guizan, qui réussit, à la fin du siècle dernier, à faire abandonner par les colons de la Guyane française la culture des terres hautes pour celle des terres basses.

2° *Les hauts pâturages salés* forment des espèces de petits plateaux dominant les anses. Ils sont formés d'un sable aride, brûlant pendant l'été et couvert pendant les pluies de plusieurs graminées et légumineuses recherchées par le bétail. Le chiendent, la gesse, le mélilot y sont communs.

3° Le problème des *savanes tremblantes* ne peut être étudié sans péril que par voie d'induction. Qu'on s'imagine derrière les eaux presque permanentes des savanes noyées dont elles sont généralement séparées par un cordon de palmiers bâches et d'arroumas, des terres grasses détrempées par les eaux d'infiltration et formées principalement par la décomposition d'herbes marines, alternativement chauffées par le soleil et inondées par les eaux du voisinage. La terre, meuble et friable, n'offre aucune consistance, ce n'est que boue à moitié liquide, de la vase molle de deux mètres d'épaisseur dans laquelle le pied enfonce jusqu'à ce qu'il ait trouvé la couche d'argile. Pas de pied assez léger pour parcourir ces périlleux espaces où l'on creuse son tombeau sous ses pas. Une épaisse végétation d'herbes luxuriantes, mais de mauvaise qualité, couvre ces abîmes, comme pour rassurer le chasseur lancé à la poursuite des oiseaux d'eau et attirer par la belle verdure et la fraîcheur d'une herbe abondante semblable à celle de Para, le bétail qui s'enlisera et périra embourbé. On ne pourra utiliser les savanes tremblantes que lorsque les savanes noyées auront été desséchées et les criques au cours incertain, endiguées ou canalisées. Alors les eaux d'infiltration ayant disparu, il faut attendre que l'été ait calciné la terre, puis brûler les herbes et les détritus, et creuser des saignées d'écoulement pour que les eaux des pluies ne détrempent point à nouveau la boue desséchée des savanes.

4° La savane que l'on appelle *pripri* ou *pinotière,* du nom du palmier qui en borde les rives et en peuple les îles, tient à la fois de la savane noyée et du llano. Le fond en est argileux et au-dessous du niveau de la mer. Pendant l'hivernage, le débordement des criques, les infiltrations sous-marines couvrent de un à deux mètres d'eau la prairie disparue. Des herbes aquatiques avec des gazons flottants nourrissent des milliers d'ibis, de flamants et d'aigrettes. Par la rivière et par les canaux d'infiltration sont arrivés en foule, dans l'aquarium improvisé, les poissons des montagnes et les poissons de la haute mer. Porcs et volailles viennent se désaltérer sur les bords du lac et happer, quand ils peuvent, les petits poissons de la rive. Mais ces chasseurs sont eux-mêmes guettés par de redoutables ennemis : le caïman, long de quinze pieds, qui fait brusquement surgir au-dessus de l'eau sa tête hideuse, la gigantesque couleuvre, qui cache son corps monstrueux dans la boue, la tête aux aguets. L'été venu, une herbe fine mais plus ou moins rare pousse dans le lit du lac desséché qui, par endroits ne produit pas un brin d'herbe, présentant sur des kilomètres de développement l'aspect blanc et poussérieux d'une place publique mal empierrée. Le colon parcourt à pied sec son lac évanoui qui réapparaîtra aux pluies suivantes, si personne ne canalise les rivières indisciplinées et ne draine les savanes noyées de la côte. Le colon qui habite aujourd'hui les bords des pripris serait désespéré que personne aidât la nature dans la formation de cette terre inachevée : Il a dans son lac artificiel un réservoir à poissons tellement bien fourni que dès que les eaux commencent à baisser il pêche ses prisonniers à la pelle, quitte à tuer les plus gros avec son sabre d'abatis.

5° *Les savanes basses*, communes le long des rivières, dans les régions moyennes, sont de vrais marais à fond de sable où poussent la fétuque flottante, le paturin, la cauche aquatique et les joncs.

6° *Les savanes moyennes* ne sont plus des marais, mais ne sont pas encore des coteaux ou des plateaux. Elles ne sont ni trop humides ni trop sèches et sont immédiatement utilisables. Elles sont couvertes d'excellentes herbes dont on pourrait tirer le parti le plus avantageux, car à côté des bromes, plantes dures auxquelles les animaux ne touchent pas, se trouvent l'herbe à bœuf, le panic, le pied-de-poule, le paturin, diverses légumineuses et autres plantes aussi recherchées que celles de nos prairies d'Europe.

7° *Les savanes sèches ou savanes hautes* commencent aux altitudes moyennes, à une dizaine de mètres au-dessus du niveau des plus hautes marées et à dix ou quinze kilomètres du littoral. Ce sont généralement de petits dos de terrain que les plus fortes pluies sont impuissantes à inonder complètement. C'est le pays d'élection pour l'élevage qui, là, peut s'entreprendre de suite avec des travaux d'aménagement presque nuls. Et, par bonheur, ces longs coteaux, terrains en dos d'âne, sont les plus répandus dans la région des herbes. D'innombrables rivières traversent ces prairies, les divisant, grâce aux rideaux de palmiers et de grands arbres qui ombragent les criques, en autant de compartiments naturels. Chacun de ces compartiments porte un nom distinct dans la grande savane. La petite prairie est elle-même semée de bouquets de palmiers, squares étranges, murailles et châlets de verdure où les bestiaux se réfugient au moment des grandes ardeurs du soleil. Ils y mangent les graines tombées au pied du maripa et de l'aouara et y boivent l'eau claire de quelque trou de roche. De petits îlots boisés surgis comme par merveille du niveau uniforme de la prairie servent, pendant

les mois où la savane est mouillée, de refuge et de forteresse
au troupeau et au berger qui y peuvent braver les caïmans et
les couleuvres. Ces savanes hautes ou savanes sèches reposent
sur un lit de granit et sont formées d'une légère couche de
sable mêlée à une petite quantité de terre végétale, détritus de
plantes qui ont pourri sur le sol. Le sable a été jadis à nu, la
savane a eu sa naissance et sa croissance dont les géologues
n'ont pas encore expliqué les lois. A l'époque où le sable était
à nu, les vents, en le promenant sur les roches, finirent par
creuser, par raviner le granit, et aujourd'hui quelques-unes de
ces savanes ont un aspect bosselé, déchiré, déchiqueté qui
rappelle la dune saharienne en formation. Le plus dangereux
habitant des savanes hautes est une herbe dure, envahissante,
parasite, la cauche élevée ou herbe à balai, qu'il faut brûler
tous les étés sous peine de la voir s'emparer de toute la prairie.
Il serait plus simple de la sarcler et de l'arracher une bonne
fois. On brûle les endroits qui en sont infestés, préférant courir
le risque d'incendier la savane entière, ce qui arrive assez
souvent. Le désastre est d'ailleurs réparé par les huit mois
d'hivernage. Cette mauvaise herbe détruite, on retrouve la
savane peuplée de ses herbes préférées, le chiendent, les fétu-
ques, les paturins, foin véritable, nourriture aussi bonne que
l'herbe du Para, laquelle se vend aujourd'hui 25 francs les 500
kilogrammes sur la place de Cayenne.

Ce sont des savanes sèches que les fameuses savanes d'Iracoubo, Sinnamary, Ouassa, Maraca, Marajo. Il n'y a qu'à tracer
quelques rigoles pour le drainage ou l'irrigation, sarcler quelques herbes dures, semer quelques graines d'herbes fines, faire
des hangars, des parcs et des barrières, et au bout de six mois
chaque hectare de ces savanes est en état de nourrir deux têtes
de bétail.

C'est dans les savanes sèches que le colon devra porter immédiatement son industrie. Situées à quelques kilomètres
seulement de la rive de la mer dont elles ne sont séparées que

par quelques savanes noyées ou quelques pripris, elles seraient aisément abordables par les rivières en attendant le desséchement et l'aménagement de la zone intermédiaire des terres basses. Quelques journées d'homme suffiront pour transformer la savane sèche en une véritable prairie ; quelques couples suffiront pour la multiplication rapide des bœufs et des chevaux et la multiplication indéfinie des moutons.

Dans la savane sèche, enfin, le colon pourra se livrer immédiatement aux cultures alimentaires et autres sans passer par les travaux de desséchement d'un prix considérable qu'il lui faudrait entreprendre pour l'aménagement des terres basses. Maïs, manioc, légumes, arbres fruitiers prospéreront rapidement dans l'enclos cultivé qui assurera au pionnier sa subsistance quotidienne, en attendant les bénéfices de l'exploitation forestière ou de l'exploitation pastorale. Sans parler du gibier délicat que nous savons hanter les savanes sèches et les grands bois.

8° Pour les *hauts pâturages,* sur les pentes et les plateaux des montagnes, ils possèdent une herbe maigre et fine, mais fort nutritive et très-saine. S'ils étaient plus aisément abordables on pourrait les cultiver immédiatement et leur confier une tête de gros bétail à l'hectare.

9° *Les prairies ou savanes artificielles* qu'on ne s'attendait pas sans doute à trouver dans cette région n'y sont pourtant pas bien rares : quelques savanes naturelles, jadis en culture et redevenues savanes, quelques abatis abandonnés en tiennent lieu. Or, les champs et les abatis abandonnés ne sont pas rares sur la côte de la Guyane française. Les plantes qui croissent dans ces savanes spéciales diffèrent complètement de celles qui poussent dans les savanes voisines, de terrain identique. Dans ces dernières on ne trouve que des joncs, des laiches, des carex, tandis que dans la savane artificielle on trouve d'excellentes herbes : le chiendent, le mélilot, l'herbe à bœuf, le pied-de-poule, le panic. Utilisées en pâturages ou pour les cultures, ces savanes artificielles seront une trouvaille précieuse pour le colon. Pour l'agronome, elles sont l'indice de ce qu'aurait pu être cette région au sol si riche et si bien arrosé, si les hommes avaient su en tirer parti.

Dans leurs neuf variétés, les savanes de la Guyane française présentent les plus sérieuses ressources à l'élevage.

La Guyane dite brésilienne, la province de Para, comptent par centaines de milliers leurs têtes de bétail.

La Guyane vénézuélienne est peut-être depuis quelque temps encore mieux partagée.

Seule la Guyane française n'a pas su tirer parti de ses savanes, bien favorables pourtant à l'industrie pastorale, comme l'ont prouvé des essais aussi heureux qu'accidentels et passagers.

CHAPITRE II.

CAUSES D'INSUCCÈS.

1° Les colons ont eu le tort, dès le début, de dédaigner les Indiens. Mais il est encore temps de changer de politique à leur égard. On trouve des indigènes un peu partout dans la Guyane française, et, dans certains districts, ils sont très-nombreux. Dans les pampas, dans les llanos, ils n'ont point été dédaignés par les Espagnols. Les Indiens de ces contrées n'avaient jamais vu de chevaux avant l'arrivée des Européens, mais depuis, ils sont devenus les meilleurs cavaliers du monde, montant à cru les chevaux les plus fougueux. Si les Français de la Guyane n'ont pas dans leurs savanes d'innombrables troupeaux de bétail, bœufs, chevaux, mulets, c'est en partie parce qu'ils n'ont pas su se faire des auxiliaires des Indiens. Ces auxiliaires précieux nous auraient dressé, comme ils l'ont fait pour les Espagnols, de ces intrépides *peons llaneros, pieds noirs, indiens corneilles*, que ne semblent faire qu'un avec les Indiens des savanes. Ils nous auraient donné une race métisse, des Gauchos, des Mamalucos, qui auraient porté notre nom, notre langue et nos idées jusqu'aux plus lointaines extrémités de notre antique France équinoxiale. Il faut ignorer les services que rendent encore de nos jours les Tapouyas aux éleveurs de Marajo pour ne pas regretter vivement le dédain qu'ont eu nos prédécesseurs pour les Peaux-Rouges. Sans approfondir ici la question éthnique, il est permis de déplorer, à propos du sujet qui nous occupe, la malheureuse antipathie qui éloigna les premiers colons de ces aborigènes qu'il eût été si facile de rendre français. C'est une tâche que notre nouvelle administration semble s'être donné mission de mener à bien.

2° Les principes les plus élémentaires d'économie rurale semblent avoir été toujours ignorés de la population. C'est ainsi qu'on n'a jamais eu, qu'on n'a pas encore la notion du rapport qui doit exister entre la force numérique du troupeau et l'étendue du pâturage qui lui est affecté. Dans le principe, le fourrage abonde et le troupeau s'accroît, mais au lieu de limiter le nombre des têtes de bétail, de voir la quantité qu'on peut nourrir, on se félicite d'un accroissement qu'on rêve vaguement illimité, le pâturage s'épuise : famine, maladie, épidémie. et il vient un moment où le hattier serait heureux de pouvoir se défaire à vil prix des bêtes étiques qui restent encore debout. Mais les voies de communication rares et difficiles, ne facilitant pas le débouché, le troupeau meurt sur place.

3° On n'a pas pensé non plus à faire pour l'été provision de quelques unes des plantes fourragères dont le pays abonde. Pendant l'été, les herbes deviennent sèches, les pâturages s'épuisent, la disette décime le troupeau, et Cayenne étant trop loin pour qu'on y conduise le bétail, on le laisse, avec résignation, s'abattre dans la savane, où les urubus en font des festins. C'est annuel, habituel, reçu, dans l'ordre naturel des choses, et personne ne s'en émeut. On est à la Guyane française, comme un peu partout dans nos colonies, d'une apathie toute musulmane. Il serait pourtant si simple au hattier d'avoir autour de de sa ménagerie des pâturages abondants et de bonne qualité, même pendant la saison sèche !

Divers arbres à produits permanents pourraient aussi être cultivés en vue principale ou secondaire de l'alimentation du bétail, tels que goyaviers, acajous, aouaras, manguiers, arbres à pain, bananiers dont les bestiaux mangent les fruits. Les bambous eux-mêmes, malgré leur taille gigantesque, sont précieux pour la nourriture du bétail qui prise fort leurs jeunes pousses et leurs feuilles vertes ou sèches. On n'en saurait trop planter le long des criques et ailleurs, car ces bordures serviraient à la fois de nourriture et d'abri. Les têtes de cannes, l'écume des sirops constituent également une bonne nourriture qui pourrait être réservée pour l'été. Enfin rien n'empêche qu'aux approches de la saison sèche, les prairies ensemencées d'herbe de Para, d'herbe de Guinée, d'herbe de cosse, de taïes, soient fauchées et leur récolte emmagasinée. Rien ne s'y oppose, mais personne ne le fait. Voici trois cents ans qu'on vit au jour le jour dans la colonie.

4° Pas une savane basse n'a encore été aménagée, elles sont actuellement telles qu'elles sont sorties des mains de la nature. Elles ne sont aucunement en état de recevoir le bétail. Bien plus, la plupart d'entre elles, par suite de la négligence à veiller à l'écoulement des eaux, se sont successivement gâtées. Tout ce qui n'est pas savane haute est à peu près perdu. C'est ainsi qu'aux portes de Cayenne on voit des savanes dont l'étendue, la belle verdure pendant la saison des pluies, offrent un leurre auquel on peut se laisser prendre. Mais bientôt on ne tarde pas à s'apercevoir de l'illusion. Ces terrains qui affectent un niveau presque parfait sont composés d'une terre argileuse imperméable. Les eaux pluviales, n'étant point absorbées, ne peuvent s'écouler que par des plis de terrain qui les conduisent dans des fonds, origine d'une crique. Mais il reste toujours une petite nappe d'eau au milieu de laquelle, à des distances fort rapprochées, croissent des plantes dures d'une nature aigre dont les débris successifs forment une touffe qui s'élève au-dessus de ces eaux sans écoulement. De là l'aspect de belle verdure de ces savanes. Mais il s'en faut que de telles herbes constituent un bon pâturage. Le bétail mange il est vrai leurs jeunes pousses, mais ce n'en est pas moins une pauvre nourriture. Or, rien ne serait plus facile que d'assainir ces terrains, que de transformer ces espaces marécageux en excellents pâturages. Il suffirait pour cela d'un travail bien simple : fouiller un fossé d'un mètre de largeur, suivant les principaux plis de terrain, un homme pouvant faire 15 mètres par jour, sur un mètre de large et un mètre de profondeur, le travail se ferait très-rapidement. De petites saignées aboutiraient à ce fossé et le terrain serait suffisamment desséché. En creusant fossé et rigoles, on rejetterait en tas les mottes extraites et celles qui couvrent la savane ; séchées, couvertes d'un peu de terre, puis brûlées, elles constitueraient un excellent engrais. Les plantes grasses une fois poussées empêcheraient la savane d'être brûlée par le soleil. N'étant plus couvert d'eaux stagnantes, l'ancien marais débarrassé des plantes marécageuses détruites jusqu'à la dernière racine, serait transformé en herbage. Tel est le mode générique d'aménagement de la plupart des savanes basses. Il est une mesure qu'il ne faut pas négliger non plus, c'est le curage des fossés et la régularisation du cours des criques. Le plus grand nombre des savanes basses qui sont devenues pripris doivent cette transformation à l'obstruction des criques ou des fossés. Le nettoiement des fossés, la régularisation du cours des rivières dans la partie de leur cours sujette à inonder, les canaux de desséchement à ouvrir dans les marais, sont des travaux d'intérêt public, car non-seulement ils servent un grand nombre d'intérêts particuliers, mais encore, en supprimant les marécages, ils rendent le pays plus sain et les communications plus faciles. On pourrait, de plus, utiliser les eaux superflues à l'irrigation de certains pâturages trop secs pendant l'été.

5° Dans les savanes sèches, celles que nous avons signalées comme étant presque immédiatement utilisables, les travaux d'aménagement consistent surtout à détruire les plantes nuisibles et à semer de bonnes herbes. Ces travaux n'ont pas été menés plus loin que ceux du desséchement des savanes humides, c'est-à-dire qu'ils n'ont pas encore été commencés. Les herbes nuisibles peuvent l'être, soit en étouffant les bonnes plantes en les privant des sucs de la terre et des influences de la lumière et du soleil, soit en étant dangereuses pour le bétail. Les plantes envahissantes sont fort redoutables par leurs racines traçantes et par la quantité de graines dont elles jonchent le sol. Les plantes vénéneuses se montrent surtout dans les lieux ombragés, sur le pourtour des bois « semblables aux malfaiteurs, elles semblent craindre la lumière et se cacher dans l'ombre pour porter des coups plus certains. »

6° On a usé et surtout abusé dans la Guyane française de l'incinération des savanes. On n'a vu dans l'incinération qu'un moyen de prendre des tortues dans les savanes sèches, ou d'y faciliter la chasse aux bécasses. Étrange mode d'aménagement. L'incinération des savanes de terre haute est une mauvaise pratique, l'humus est à peu près consommé, l'aridité s'accroît et bientôt le roc apparaît sous une mince couche de terre végétale balayée par les vents. Mais l'incinération des savanes basses, noyées, pripris et autres, est une excellente opération. Elle détruit la multitude d'insectes nuisibles, de reptiles de toutes sortes qui fourmille dans les herbes, elle purifie l'air empesté par les miasmes qui se dégagent de la putréfaction végétale et animale, elle permet de se rendre un compte exact du relief des terrains et d'arriver ensuite au desséchement. Il faut avoir seulement la précaution de veiller aux étincelles qui pourraient propager l'incendie, de veiller à certains palmiers, pinots et autres qui brûlent en dedans et dont l'incendie ne se révèle que deux ou trois jours après. C'est merveille de voir avec quelle rapidité, à la moindre étincelle, la savane prend feu quand les chaleurs de l'été ont desséché les herbes. En un instant l'incendie dévore les hectares, les centaines d'hectares, les savanes entières, pour peu que le vent souffle avec force. C'est merveille d'écouter le bruissement vague et sourd, les sifflements, les bourdonnements, les crépitements, les courses folles des tribus de reptiles et des tribus d'insectes qui rampent précipitamment ou qui s'élèvent dans l'atmosphère, exhalant à leur manière leur frayeur ou leur douleur. Tous fuient l'élément dévorant qui finit le plus souvent par détruire la république entière : ceux-ci tombant les ailes brûlées dans le brasier, ceux-là atteints dans leur course par l'élément plus rapide qui les carbonise dans leurs horribles et suprêmes contorsions. — L'incinération des prairies basses terminées, il n'y a plus pour en faire de bons pâturages qu'à y semer de bonnes herbes, du panic, de l'herbe à bœuf, de l'herbe de Guinée. Malheureusement nos colons n'ont pas été jusqu'à ce jour partisans de ces pratiques savantes. Ils ont brûlé leurs

savanes, c'est vrai, mais leurs savanes sèches. Et cela pour y
ramasser cinq ou six tortues grosses comme la tête et se vendant
à peu près le prix d'un poulet.

7° Si les Créoles avaient possédé l'art d'élever le bétail, ils
auraient bientôt été obligés de limiter le nombre de leurs troupeaux devenus trop nombreux pour leurs savanes non aménagées. Mais cet art leur a été également étranger. 5,000 têtes de
bêtes à cornes vaguent aujourd'hui dans les immenses prairies
vierges de la contrée, à la garde de Dieu et à la miséricorde
des tigres. Ceux-ci prélèvent assez régulièrement leur tribut et
poussent l'insolence jusqu'à poursuivre quelquefois leurs vic-
times jusqu'au parc. Tout cela est ainsi depuis longtemps et
pourtant rien ne serait plus facile que de mettre fin à ce fâcheux
état de choses.

8° Le bétail ne se multiplie pas parce que les soins les plus
vulgaires, les plus usuels lui sont refusés. Il faudrait sans doute
tenir les bestiaux approvisionnés d'eau de bonne qualité. En
hiver elle n'est pas rare, mais en été elle manque toujours.
Comme on n'a pas su s'en fournir, on est alors obligé de laisser
le troupeau aller chercher à de grandes distances pour se désaltérer une eau souvent saumâtre et corrompue. Parfois la crainte
du tigre empêche le troupeau de sortir et l'oblige à se contenter
de l'eau croupie et chargée d'exhalaisons putrides de quelque
flaque de la savane. C'est la saison des maladies du bétail : disette d'eau, disette d'herbe, et la maladie règne jusqu'aux premières pluies. La mortalité est parfois extrême, l'épidémie détruit
la ménagerie, les ménageries voisines, toutes celles du quartier.
Croirait-on qu'il n'existe pas un abreuvoir dans les savanes ? Le
bétail choisit la crique ou la flaque d'eau de son goût. Les abords
fangeux de la plupart de ces abreuvoirs naturels occasionnent
la perte des jeunes animaux ; parfois le troupeau entier est
malade pour avoir bu de mauvaise eau. Ce ne sera pourtant
pas le vétérinaire qui le guérira, car il n'y en a qu'un seul pour
toute la colonie. La science de saigner et de purger les bestiaux

mériterait plus d'un disciple dans ces savanes sauvages, souvent marécageuses, où le part et les maladies font de si grands ravages dans les troupeaux. En l'absence de vétérinaire, quelques notions d'hygiène générale propre à chaque espèce de bétail ne seraient pas non plus sans doute une superfluité pour lés Créoles..

CHAPITRE III.

LE BÉTAIL.

Il n'y a peut-être pas 500 têtes de *chèvres* et 300 têtes de *brebis* dans toute la colonie, cependant ces animaux s'élèvent avec plus de facilité qu'en Europe, par suite de l'uniformité du climat qui leur convient très-bien. La laine ne gêne pas les moutons : à la seconde ou à la troisième génération elle dispapaît. Les moutons se vendent jusqu'à 90 francs par tête, et une brebis donne jusqu'à trois petits par an. Les terres hautes, moins humides, sont celles qui leur conviennent le mieux.

Dans les pays où le maïs est la céréale nationale comme aux États-Unis, c'est le *porc* qui est l'animal le plus répandu. La Guyane, admirablement favorisée pour la culture du maïs, ne devra pas avoir beaucoup de peine pour élever des quantités considérables de porcs. En effet, on les voit aujourd'hui, à moitié sauvages, se promener par bandes dans les forêts des quartiers, passant comme des trombes aux pieds du chasseur effaré. Ce sont les cochons marrons. On fait une battue quand on veut prendre quelques-uns de ces animaux. La statistique coloniale accuse près de 5,000 porcs.

Les *bœufs* introduits en 1766, sous l'intendance de M. Maillard, se multiplieraient rapidement si toute espèce de soins ne leur faisaient pas complètement défaut. Le nombre des bêtes à cornes n'est encore que de 5,000 têtes. Plusieurs essais ont été faits par des hommes intelligents, tous ces essais ont été couronnés de succès et tous ont disparu, sans laisser trace, avec les hommes intelligents qui les avaient menés à bonne fin. Maillard avait réuni 16,000 têtes de bêtes à cornes entre Kourou et Sinnamary. Que devint ce troupeau après le départ de Maillard ?

Pomme dirigea une tentative fameuse dans la savane de Ouassa au territoire dit contesté. Sa ménagerie était établie au milieu des plus riches savanes. Il en avait de basses pour l'été et de hautes pour l'hivernage. Toutes étaient traversées par de petits ruisseaux aux eaux abondantes et pures. Des plateaux boisés abritaient les cases des bergers et les hangars des troupeaux. Partout les herbes étaient bonnes, des cantons entiers étaient couverts de chiendent. Les Indiens du Haut-Oyapock descendaient, les tapouyas de la côte gardaient les troupeaux. Pomme allait peupler tout entière sa savane de 150,000 hectares, longue de 60 kilomètres et large de 25. Mais la Révolution de 89 éclate. La Guyane française va avoir un député. Pomme a le malheur d'être élu. Il eut le tort de préférer la gloire au bétail. Quand il revint, les 12,000 bœufs de ses ménageries avaient disparu. Pomme n'était plus représentant et il était ruiné.

Plus récemment un homme actif et ingénieux, Jolivet, débute à Organabo avec deux génisses et un taureau, et quelques années après il avait 150 têtes de bétail. Riche, il abandonna sa savane pour la France.

Les *chevaux* sont si nombreux à Para et à Marajo, qu'à une certaine époque les éleveurs brésiliens vendaient un cheval 5 francs et en faisaient cadeau comme d'un petit chien. Il furent même trop nombreux un jour à Marajo et les éleveurs durent abattre 40,000 juments, dont ils vendirent les peaux 2 francs l'une. De tous ces cadavres abandonnés sortit une épizootie qui dépeupla momentanément de chevaux la grande île brésilienne. A Cayenne, il n'y a pas de race indigène, tous les chevaux sont exotiques. Le Gouvernement et les particuliers sont obligés d'importer à grands frais les chevaux dont ils ont besoin, bêtes souvent mal choisies, qui sont mises hors de service peu de temps après leur arrivée. Ce n'est pas que la colonie n'ait essayé d'élever des chevaux. Mais on s'y est pris maladroitement. On n'a su choisir ni les étalons ni les juments. On a pris les plus gros animaux qu'on a pu trouver, négligeant de les prendre jeunes. Les résultats n'ont pas été brillants comme on le pense bien. D'ailleurs, on procède ainsi pour les taureaux que l'on choisit aussi gros et par suite aussi vieux que possible.

Les *ânes* réussissent fort bien et sont assez nombreux. On les emploie comme montures, à la voiture, au cabrouet.

Des *buffles* ont été introduits à diverses reprises et ont toujours réussi. L'administration pénitentiaire en a récemment introduit au Maroni, où ils prospèrent admirablement.

Si on avait fait des *mulets*, ce qui aurait été aisé, on aurait passé les Tumuc-Humac et on serait aujourd'hui en relation avec toutes les tribus de l'intérieur. Y pensa-t-on jamais ? Les mulets ont toujours été rares dans la colonie.

7

CHAPITRE IV.

EXPLOITATION INTENSIVE.

Si quelques savanes étaient aménagées et si quelques troupeaux étaient en formation, il faudrait faire pâturer le bétail.
Mais c'est là de l'exploitation pastorale intensive, un fruit
d'arrière-saison d'une civilisation raffinée, et il est à peine
besoin d'en parler ici.

Il ne faut pas laisser le bétail vaguer ; il détruit plus qu'il ne
consomme. Il faut le faire pâturer en le faisant revenir à son
point de départ quand l'herbe est repoussée. De cette façon, il
n'ira pas se perdre dans les bois ou ravager les propriétés. Les
frais de nombreux gardiens seront ainsi évités. Les îlots de
terre haute qui parsèment les savanes sont très-favorables à
l'établissement des cases et des hangars. Il est aisé d'y faire
des vivres pour le propriétaire et les gardiens, et des herbes
pour le bétail. Les pentes de ces îlots, généralement très-fer-
tiles, le deviendraient encore davantage par l'addition des engrais
que le pacage permettrait d'utiliser, ou de ceux qu'on retirerait
des bêtes nourries à l'étable. Il serait aisé d'engraisser les bêtes
de l'étable avec les plantes fourragères cultivées, ou avec les
tourteaux, résidu de l'amande pressée des palmiers.

Si le bétail, au lieu d'être en pâturage, est abandonné à lui-
même, il devient sauvage. Aux débuts, quand les savanes de
Marajo, de Porto-Rico et de l'Orénoque étaient désertes, les éleveurs parquaient le bétail. Ils commençaient par où nous finirons
sans doute. Aujourd'hui s'ils emploient moins cette précaution,
au Brésil surtout, c'est que les savanes ont été aménagées par
l'usage et que d'ailleurs les éleveurs ont plus de bétail qu'ils

n'en peuvent vendre. Para tue 40 bœufs par jour, mais pourrait en tuer 1,000 sans épuiser ses ressources. On y tue les bœufs pour les bons morceaux, les autres se consomment ou ne se consomment pas ; heureux qui peut les vendre 60 centimes le kilogramme. Le pacage est un grand moyen d'amélioration des savanes. Quand les bestiaux ont séjourné longtemps dans une savane, elle s'améliore. Les mauvaises herbes disparaissent, foulées aux pieds par les bestiaux qui ne les paissent pas, mais les brisent ; les bonnes herbes se multiplient, les animaux ne cherchant dans les savanes que les meilleures plantes, quelques graines non digérées passent avec les excréments et bientôt la savane est couverte de graminées et de légumineuses. On n'a qu'à changer de pacage tous les mois et la prairie entière ne tardera pas à être appropriée. De véritables savanes artificielles se créent ainsi d'elles-mêmes, et pour peu qu'on y sème quelques herbes choisies, la prairie deviendra d'une puissance productive incomparable. L'exploitation sauvage a dès lors disparu. Les soins les plus minutieux peuvent être donnés au bétail. Les tigres deviennent de moins en moins dangereux dans le milieu de plus en plus civilisé. D'ailleurs, un bon gardien et une bonne carabine en ont toujours raison. Les tiques, plus redoutables, sont aisément détruites. On n'a qu'à mettre des volailles dans le parc, et, dans l'après-midi, alors que les tiques assiègent le bétail, celui-ci rentre de lui-même et les volailles s'empressent de lui faire sa toilette. Il y a longtemps que les hattiers de l'Orénoque usent de ce procédé. Il faut veiller seulement à ce que le bétail ne mange pas les plumes que les volailles laissent tomber dans le parc.

Bien éloignés de cette époque de haute science pastorale, nous pouvons cependant nous demander ce que rapporterait une ménagerie bien conduite dans une savane bien aménagée. Supposons 1,000 hectares de savanes. Début : 200 génisses, 20 taureaux (1 taureau pour 10 génisses), coût total : 40,000 francs. Pour aménagement des savanes : 5,000 francs ; entretien pendant cinq à six ans : 5,000 francs ; total général : 50,000 francs.

A la fin de la sixième année, on aura les bœufs nés à la fin de la première année : 200, du poids minimum de 120 kilos, à 2 francs le kilogramme, soit 50,000 francs. A partir de la sixième année, on aurait un revenu annuel de 50,000 francs, soit 100 p. 0/0 du capital engagé.

D'où viendra le salut ? De l'initiative locale ? Comprendra-t-elle à l'avenir un peu mieux ses intérêts ? Ou bien faudra-t-il que les éleveurs métropolitains viennent enseigner le parti qu'on peut tirer de ces magnifiques savanes aujourd'hui presque désertes ? Seront-ils Normands, Poitevins ou Auvergnats les éleveurs qui utiliseront les magnifiques savanes de la Guyane française ? Ces savanes pourraient nourrir de 10 à 15 millions de bêtes à cornes. Des éleveurs de profession, à la tête d'un capital suffisant, en possession de savanes qu'ils aménageraient, réaliseraient, sans aucun doute, de belles fortunes, en établissant les premières bases du troupeau colonial.

LES PRODUCTIONS AGRICOLES.

Pour écrire un traité d'agronomie pratique à l'usage de l'émigrant en partance pour la Guyane française, il faudrait une foule de connaissances techniques particulières et une vocation spéciale. Nous nous proposons seulement d'indiquer dans cette étude les aptitudes du sol guyanais aux cultures tropicales et tempérées. Vingt traités spéciaux, ou mieux encore un mois de séjour et d'apprentissage, fourniront au colon mieux que tous les économistes de la terre l'éducation professionnelle dont il a besoin.

Il n'est pas permis, dans un catalogue des richesses actuelles, spontanées et possibles de la colonie, de négliger ces dernières, les richesses possibles, celles que pourrait fournir le travail de la terre. Au bout de quelques années de véritable colonisation les richesses agricoles prennent toujours la place qui leur est due, et cette place est la première. Elles n'existent pas encore dans la Guyane française ou plutôt elles n'existent plus. Il n'y a plus d'agriculture dans cette colonie. Sa production agricole totale est bien inférieure à celle d'une commune moyenne de la Flandre. De ce côté, la ruine a été beaucoup plus complète encore que du côté de l'industrie pastorale. Mais le sol est toujours riche et sa puissance productive n'a pas diminué.

C'est cette productivité virtuelle que nous allons étudier. Quand les terres de la forêt après l'exploitation auront été ameublies par le déracinage, l'incinération et le labourage ; quand le drainage, l'irrigation ou l'endiguement auront ameubli les savanes, pour peu que les routes et les canaux facilitent les communications, le colon trouvera les plus grands avantages à se livrer à la culture. Des cultures vivrières les plus humbles aux cultures industrielles les plus savantes, il trouvera de quoi donner carrière à son esprit d'entreprise.

Nous n'étudierons ici que les productions principales, renvoyant à la nomenclature pour les productions secondaires.

CHAPITRE Ier.

CULTURES ALIMENTAIRES.

Dans la culture des plantes alimentaires, le colon ne devra pas se proposer seulement de se procurer une assurance contre la famine et quelques douceurs pour augmenter son bien-être. Il pourra réaliser, dans les cultures vivrières de consommation locale et d'exportation, des gains considérables. La culture vivrière qui est une culture de début est en même temps une des plus lucratives auxquelles on puisse s'adonner.

Le *pain*, base de son alimentation en Europe, fera défaut au colon. Car en Guyane le *blé* pousse en herbe et donne rarement d'épis.

Le colon ne devra pas non plus penser à faire du *vin*. Il pourra cultiver quelques treilles, mais le raisin mûrit trop mal et trop irrégulièrement pour qu'on puisse songer à l'utiliser autrement que comme plat de dessert. Il paraît cependant que jadis on cultivait la *vigne* dans l'Ile-de-Cayenne. On la taillait au lieu de la cultiver en treilles, et on arrivait ainsi à faire deux récoltes par an d'un vin qui, disent les vieux auteurs, n'était pas sans qualité. Quelques Missions de la Guyane anglaise auraient, à ce qu'on assure, produit un vin aussi bon que le Madère. Malgré ces faits, plus ou moins bien vérifiés, nous croyons sage de ne pas trop compter sur les vignes de la Guyane.

Le *Maïs* qui pousse bien jusqu'au 40° de latitude nord et sud pousse mieux encore dans les pays chauds. La Guyane est une de ses régions de prédilection. Il donne trois mois après avoir été semé et fournit trois et quatre récoltes par an. Il n'est pas bien rare de trouver dans les bonnes terres des pieds de maïs de 4 mètres de hauteur.

Dans certains cantons, on peut cueillir l'épi six semaines après avoir semé la graine. La culture du maïs est destinée à prendre dans la colonie une grande importance. On sait qu'aux Etats-Unis le maïs est la base de l'alimentation d'une population pourtant bien vigoureuse. L'Amérique du nord récolte 7 à 800 millions d'hectolitres de maïs d'une valeur totale de deux ou trois milliards. Pourtant aucune terre de l'Union ne fournit plus d'une récolte par an de la céréale nationale. En attendant que la culture en grand du maïs révolutionne la Guyane française, les Créoles font de la bouillie et des galettes avec la graine précieuse. Ils la pilent dans un mortier pour la convertir en farine, car il n'existe pas un moulin dans la colonie.

Le *Mil*, excellent pour l'alimentation des basses-cours, sert actuellement de base à divers aliments créoles.

Dans l'Amérique équatoriale, la plante alimentaire par excellence est le *manioc*, il est là dans son pays d'origine et de prédilection. Cette terre a pour ce produit un monopole naturel. Les diverses espèces de manioc sont venues au bout d'un an ou de dix-huit mois et donnent jusqu'à 30 kilogrammes par pied de fruits énormes de la grosseur d'une betterave. Ces racines une fois rapées, pilées, puis pressées et boucanées, ce qui les débarrasse de leur principe vénéneux, donnent une farine grenue, le *couac*, farine nationale de la Guyane et de l'Amazone. La partie la plus fine de cette farine est convertie en galettes minces et blanches, appelées *cassaves*, aussi populaires dans le haut de l'Amazone que sur la côte de Guyane. Les couacs, blancs et jaunes, gros et fins, forment avec la cassave la base de l'alimentation créole dans une grande partie de l'Amérique du sud. Ce sont des ressources alimentaires d'origine indienne, ainsi que diverses préparations dont le manioc fait les frais. L'Européen ne s'habitue pas toujours facilement à cette nourriture ; on peut compter qu'il sera obligé de s'approvisionner en Europe de farine comme il s'y approvisionne de vin. Le manioc n'en est pas moins une culture fort importante, le couac et la cassave en même temps qu'ils constituent une réserve qui, à un moment donné, peut devenir précieuse dans une colonie en formation, peuvent toujours être cédés aux Créoles à un prix pour le moins aussi rémunérateur que celui de la farine de froment. De plus, le manioc est une véritable plante industrielle, c'est de sa racine qu'on tire l'*amidon*, fait avec l'eau vénéneuse qui en découle ; le *tapioca*, et surtout la *glucose*, précieux article d'exportation. En glucose, le manioc peut donner, au moyen des procédés d'extraction usités aux Etats-Unis, du Sud jusqu'à 10,000 francs à l'hectare. Le manioc, tout comme la canne, appelle l'usine centrale. L'usine à sucre pourrait faire double emploi : en même temps qu'elle utiliserait la canne, elle retirerait la glucose du manioc. Les détritus du manioc, 20 à 30 p. 0/0 environ, constitueraient, mélangés ou purs, une excellente nourriture pour le bétail. On y pourrait joindre les écumes de batterie, de gros sirops, etc.

La *Pomme de terre* qui rend de si grands services en Europe ne donne guère que des feuilles dans l'Amérique équinoxiale. Ces feuilles, il est vrai, sont gigantesques, mais les fruits ne sont pas plus gros que des noisettes. Toutefois la pomme de terre a de nombreux succédanés :

L'*Igname pays indien* qui la remplace avantageusement, l'*Igname pays nègre*, beaucoup plus grosse, se multipliant sans soins et qui n'est guère inférieure à la première. Précieuse surtout pour la nourriture des animaux et principalement du porc.

La *Patate*, mêmes usages. Ignames et patates donnent en abondance des fruits énormes au bout de six mois. On peut de la patate comme du manioc retirer une forte proportion de *glucose*.

La *Tayove* ou *chou Caraïbe* donne trois récoltes par an. Les racines rappellent l'igname ; les feuilles constituent une bonne salade. La plante appelée en créole *Soucraïoube* (corruption du mot chou Caraïbe) n'est point la tayove : c'est au contraire un poison assez violent.

Le *Bananier*. — Le bananier donne à neuf mois. Cet arbre est celui qui, à surface égale, donne la plus grande quantité de nourriture. Le sagoutier d'Asie lui-même lui est bien inférieur sous ce rapport. C'est le bananier qui a fait naître ce proverbe africain : Un jour de travail pour 20 jours de nourriture. Les bananes sont la viande des noirs disait-on avant l'émancipation, et la cassave en est le pain. Les fruits du bananier se mangent cuits ou crus. Ils sont d'un goût exquis. Ils peuvent être avantageusement utilisés, soit pour l'alimentation des immigrants hindous ou africains, soit pour la nourriture du bétail et de la volaille. Le bananier donne des fruits en grande abondance et pour ses fruits seulement peut être considéré comme plante industrielle : le débit, en quantité prodigieuse, des bananes et des bacoves (figues bananes ou petites bananes) étant toujours assuré auprès des populations créoles de l'Amérique chaude qui n'en ont jamais assez.

Le *Riz,* qui nourrit plus de la moitié des hommes, est parfaitement acclimaté en Guyane. C'est une culture de terres basses, mais il prospère sans culture dans tous les terrains de la colonie. Il donne trois récoltes par an : l'eau des pluies remplaçant avec avantage dans ces régions équatoriales le dispendieux système des irrigations de Lombardie, d'Egypte et de Caroline. La Guyane hollandaise et la Guyane anglaise ont de magnifiques rizières. Cette dernière colonie récolte assez de riz pour nourrir tous ses coolies. Cette culture n'augmente en rien les chances d'insalubrité du pays. La Guyane française aurait pu exporter de grandes quantités de riz, malheureusement on n'a pas pensé à se procurer des machines à décortiquer.

Le *Sagoutier*, qui est acclimaté, produit de 6 à 800 livres par pied d'une assez bonne farine. Il se reproduit de lui-même et pousse sans culture. On en tire le *sagou.*

L'*Arbre à pain* présente deux variétés : *l'arbre à pain à graines* dont les fruits rappellent la châtaigne, et *l'arbre à pain igname* dont les fruits rappellent l'igname. Les uns et les autres se mangent cuits.

Toutes ces cultures vivrières demanderaient l'emploi de la charrue. Mais jusqu'à ce jour les terres de la Guyane française n'ont été cultivées qu'à la pelle et à la houe, suivant le mode des indigènes, quand les indigènes travaillaient.

Laussat, en 1819, essaya de la charrue tirée par des bœufs et tenue par des noirs. Il introduisit aussi le sarcloir. Laussat fit continuer ses expériences à Laussadelphie, où les colons qui devaient labourer ne firent rien de bon par suite de leur inconduite, à Macouria, à Monjoly, à Baduel, au Canal-Torcy et dans différentes habitations. Les expériences furent aussi décisives et aussi concluantes qu'on pouvait le désirer. On pouvait croire la charrue introduite pour toujours dans la colonie ; mais à peine le Gouverneur avait-il laissé Cayenne que l'habitude et la routine reprenaient le dessus et que la charrue état abandonnée pour la pelle et pour la houe.

En 1826, un autre administrateur intelligent, le général Bernard, employa la charrue sur une habitation de terre basse sise en rivière. Les résultats furent aussi décisifs que l'avaient été ceux des expériences de Laussat. Mais cette fois, l'hostilité de la population se manifesta bruyamment, et le général Bernard fut obligé de dissimuler, de cacher ses succès. Bernard tint bon, il continua à faire cultiver sa propriété à la charrue. Il n'employait que des Européens, ses laboureurs étaient des artilleurs congédiés, anciens garçons de ferme dans leur village. Le général établit qu'un homme et une charrue donnent en huit heures trente-cinq journées de nègres. Il réfuta victorieusement toutes les objections qu'on lui faisait. On lui objectait les herbes : il les sabrait, les brûlait et sa charrue les enfouissait dans le sol. Les chicots : il les fendait et les brûlait jusqu'aux dernières racines. Les racines traçantes : il les faisait couper et arracher quand il les voyait, et, si elles brisaient le fer de la charrue, sans se décourager il faisait raccommoder le fer. On lui disait que le labourage ne donnait pas de bons résultats en terre argileuse : il aurait pu montrer les terres de l'Escaut, de la Vendée, du Marais, de la Hollande, il se contenta de faire voir les résultats qu'il avait obtenus : sa charrue avait exhaussé les terres basses, les avait rendues meubles, poreuses, susceptibles de recevoir les influences de l'air et avait complètement détruit les mauvaises herbes. Tant que le général Bernard habita la Guyane française, il y eut deux ou trois charrues dans la colonie. Le général une fois parti le pernicieux instrument disparut et les Créoles revinrent à la culture galibie.

Pendant ce temps, une colonie sœur, la Réunion, essayait aussi du labourage à la charrue. Les créoles de l'île africaine, s'étant bien trouvés de l'innovation, persévèrent dans la voie du progrès. En 1812, l'île ne produisait que 484,562 kilogrammes de sucre ; en 1832, vingt ans après, grâce en partie à l'emploi de la charrue, la production du sucre atteignait à la Réunion 40 millions de kilogrammes.

. .

Ces grosses ressources de l'alimentation sont complétées par les *légumes* et les *fruits,* cultures vivrières secondaires au point de vue de l'importance totale du rendement et de la valeur générale comme denrée d'exportation.

Pour l'énumération des fruits et des légumes, nous prions le lecteur de se reporter à la nomenclature qui termine ce travail.

CHAPITRE II.

CULTURES OLÉAGINEUSES.

En première ligne des cultures à la fois lucratives et aisément accessibles aux petits capitaux se trouvent celles des végétaux oléagineux représentés principalement par les palmiers, très-communs dans la région.

Le plus précieux des palmiers est sans contredit le *cocotier*. Partout où la civilisation a remplacé la barbarie dans l'Amérique équinoxiale, les bordures littorales de cocotiers remplacent l'ancienne ceinture marine des palétuviers disparus. Le cocotier est le roi des végétaux. A lui seul il peut satisfaire à tous les besoins de la vie. Dans les pays torrides, il est l'indice du progrès: c'est l'arbre de la civilisation. Il donne son amande qui vaut la noix, son lait qui n'est pas mauvais, sa sève qui, fermentée, donne un vin agréable, ses fibres qui constituent un des meilleurs textiles, sa tige qui donne les piquets et les lattes de la maison des Tropiques. Sans cocotier point d'Inde, dit le proverbe. Mais tout cela est de l'utilisation sauvage et c'est uniquement au point de vue de l'huile et de la bourre que le colon devra se placer. L'huile fournie par l'amande du coco passe pour la meilleure des huiles. La bourre fournit la plupart des cordages employés au Brésil et dans l'Inde. Ces deux seules propriétés donnent au cocotier une telle valeur que seul, parmi tous les végétaux, il est imposé dans l'Indoustan par les Anglais qui pourtant importent une quantité considérable d'huile et de bourre de coco. La moelle du cocotier est employée en blindage pour les navires de guerre.

Le cocotier donne ses fruits en toute saison, toute l'année, tous les jours. Au bout de cinq ou six ans il est en plein rapport. Chaque pied donne par an environ 240 cocos, les 300 pieds que peut nourrir un hectare jonchent donc le sol de près de 7,200 cocos, rendant pour 1,500 francs d'huile et donnant pour 1,000 francs de bourre. Soit un rendement total de 2,500 francs à l'hectare. Le prix marchand d'un coco est de 10 centimes à Cayenne, soit un revenu de 750 francs à l'hectare, si on vend le produit brut.

Les cocotiers réussissent très-bien dans la région, mais seulement sur la côte, principalement sur les côtes sablonneuses. Si on veut les planter dans l'intérieur des terres, ne serait-ce qu'à quelques kilomètres du flot marin, il faut semer du sel sur le sol pour faire réussir la plantation. Sur la côte du Brésil, de Maranhao à Pernambouc, sur une longueur de 250 kilomètres et sur 1 kilomètre de profondeur, le littoral est bordé, entre les montagnes de sable, de magnifiques forêts de cocotiers. Au Venezuela, dans les provinces littorales de Cumana, Barcelona, Caracas, Carabobo, Coro, Maracaïbo, plusieurs propriétaires se font 50,000 francs de revenus rien qu'en huile de coco.

L'*Aouara pays nègre* est le palmier à huile d'Afrique fournissant l'huile de palme. C'est ce fameux palmier qui couvre le sol au Cap-Vert et dans différentes parties de la Guinée. Il est acclimaté, naturalisé à la Guyane française. Il y a tellement prospéré depuis que Kerkowe l'a introduit en 1806 que dans certains quartiers on le croirait indigène.

L'aouara pays nègre est en rapport sept ou huit ans après avoir été planté. En attendant qu'il donne des fruits, on peut faire des cultures dans les intervalles laissés libres entre chaque pied. Chaque arbre donne, d'après le général Bernard, six régimes, soit 36 litres d'huile. 225 pieds à l'hectare donnent 8,100 litres. Le litre d'huile de palme se vend près de 1 franc sur place, soit près de 8,000 francs à l'hectare. La palmeraie une fois en rapport, on pourra la savanner, le bétail mangera les graines vertes qui tomberont et s'engraissera avec le résidu des tourteaux.

L'*Aréquier*, originaire des Indes orientales et parfaitement acclimaté produit une graine oléagineuse ; cette graine, mêlée à la feuille de bétel, fait l'objet d'un grand commerce dans le Levant. Or, le bétel est pareillement acclimaté. Cette double culture, qui serait des plus lucratives, est accessible aux plus petits capitaux.

Le *Noyer de Bancoule*. — L'arbre et son fruit rappellent le noyer et la noix d'Europe. On mange la noix de Bancoule en prenant la précaution de retirer le germe qui est un vomitif. L'huile de noix de Bancoule vaut l'huile de noix pour l'éclairage.

Les *Arachides ou pistaches*. — Acclimatées. La côte occidentale d'Afrique vend tous les ans pour plus de 80 millions d'arachides. Les arachides sont le principal objet du commerce du Sénégal et de la Guinée.

CHAPITRE III.

CULTURES MÉDICINALES.

Les plantes médicinales sont très-nombreuses, même celles qui sont actuellement cultivées pour les besoins domestiques. Nous renvoyons à la nomenclature pour l'énumération des plantes médicinales actuellement connues en Guyane. Nous n'étudierons ici que la plus importante de ces plantes : le thé.

Le *Thé*. — Le gouvernement de la Guyane française dépensa 3 millions, en 1821, pour introduire dans la colonie des Chinois cultivateurs de thé. L'opération fut mal dirigée. On recruta dans les mers de l'extrême Orient 250 individus pris absolument au hasard. Ces individus s'évadèrent presque tous pendant la traversée. A chaque escale le convoi diminuait de trente à quarante engagés. Le commandant ne put en débarquer qu'une vingtaine à Cayenne. Au bout de quelques mois il ne restait plus que trois Chinois : un cordonnier, un maçon et un charpentier. Si cette expédition ridicule eût été mieux conduite, la Guyane française aurait peut-être aujourd'hui un rang excellent parmi les pays producteurs de thé. Les terres de la colonie sont très-favorables à la culture de la plante. Au siècle passé, une expérience fut faite sur une assez grande échelle et réussit au delà de toute espérance. Malheureusement on abandonna peu après cette culture pour passer à autre chose. Les Brésiliens font cultiver le thé sur leurs plateaux de Minas et de Sao-Paolo. Les Chinois qui sont occupés à cette besogne trouvent ces terres un peu froides. Et cependant le rendement est magnifique. Les Anglais ont essayé de leur côté de faire cultiver le thé à la Trinidad, mais les terres de l'île ont été trouvées trop sèches. La Guyane, chaude et humide, réussirait sans aucun doute d'une façon admirable dans la culture de la plante précieuse.

CHAPITRE IV.

CULTURE DES RÉSINEUX.

Les arbres à gomme, à résine et à baume pourraient sans doute être cultivés avec avantage. Mais tant que la forêt offrira en abondance à l'exploitation les caoutchoutiers, les balatas et les autres ficus, il est probable que l'on ne s'occupera pas assez de faire des pépinières. Les plantations d'arbres à gomme et résine pourraient pourtant être entreprises dès aujourd'hui par des capitalistes qui ne craindraient pas d'immobiliser leurs capitaux pendant une dizaine d'années. Ces plantations constitueraient à la colonie une précieuse réserve.

CHAPITRE V.

GULTURES AROMATIQUES.

Les aromates sont principalement représentés par la vanille.

La *Vanille,* qui pousse spontanément dans les forêts, gagne à être cultivée. On pourrait la cultiver en grand en lui donnant des supports. La question du support est de la plus grande importance pour la vanille. Mais la liane une fois en croissance, le pied peut être brisé sans inconvénient. La vanille se nourrira des gaz aériens contenus dans l'humidité ambiante. La culture de la vanille est une culture élégante, agréable et accessible aux petits capitaux. Elle ne demande qu'un peu de pratique et d'habileté, une main délicate : c'est une culture de femme. Le colon qui posséderait la science de cette culture et qui y joindrait une certaine habitude pourrait se faire dans la vanille de fort beaux revenus. Un seul pied peut donner 300 gousses valant 300 francs (1 franc la gousse, 100 francs le kilogramme, environ 100 gousses au kilogramme). On peut voir dans la colonie telle treille de vanille mesurant dix mètres carrés et produisant plus de 2,000 gousses. Ces treilles sont malheureusement fort rares.

CHAPITRE VI.

CULTURES TINCTORIALES.

Les plantes tinctoriales sont principalement représentées par le roucou et l'indigo.

Le *Roucou* bien qu'indigène et se trouvant dans quelques recoins de forêt, où peut-être les Indiens l'ont planté, demande à être cultivé si on veut en retirer des bénéfices appréciables. Le Brésil le cultive aussi, bien que ses forêts soient plus riches en roucou sauvage que celles de la Guyane française. Para exporte le roucou aux Etats-Unis. Cultivé, le roucou donne jusqu'à 900 kilogrammes à l'hectare. Le prix du roucou atteint, aux bonnes années, 3 fr. 50 cent. le kilogramme sur place, ce qui procure un revenu de plus de 3,000 francs à l'hectare. Le prix moyen, depuis cinquante ans, a été à Cayenne de 2 francs le kilogramme, ce qui représente un revenu de près de 2,000 francs à l'hectare. Malgré ce prix rémunérateur, la production annuelle de la colonie n'a jamais excédé 600,000 kilogrammes et le chiffre d'exportation de la denrée 1,500,000 francs. La culture du roucou est facile. Sans se déranger beaucoup de ses autres occupations un colon laborieux peut cultiver deux hectares de roucou. Le roucou vit quinze ans. La manipulation pour tirer de la graine la teinture rouge est des plus simples. Les Indiens le connaissaient bien avant nous. C'est avec le roucou qu'ils se peignent le corps, ce qui les fit prendre, au début, par maintes savantes personnes, pour une nouvelle race couleur vermillon. Ils en teignent aussi leurs hamacs et en colorent leurs poteries. La consommation de cette denrée est malheureusement restreinte et limitée. La chimie n'a pas encore trouvé, il est vrai, de composition remplaçant le roucou avec avantage ; mais ce n'est guère que l'Asie centrale qui consomme cette teinture que lui apportent les caravanes du Levant et de la Russie. Comme la Guyane et l'Amazone sont les contrées qui produisent le plus de roucou (la côte de Guinée et la Cochinchine n'en produisent que des quantités infimes), malgré l'exiguité relative du débouché, les planteurs du roucou pourraient s'assurer des bénéfices considérables à cause de leur monopole naturel. Pour cela ils n'auraient qu'à entreposer leurs produits, ce qui en aménerait la hausse, ou tout au moins en régulariserait les prix, évitant ainsi les fluctuations qui se sont produites jusqu'à ce jour dans la valeur de la denrée. « En effet, quand on produisait trop de roucou le prix s'en avilissait de lui-même. La récolte ne payant plus, on arrachait le roucou ou on le laissait dépérir. Bientôt l'offre n'était plus au niveau de la demande, le roucou recommençait à monter de prix. On plantait de nouveau, et le même manège se reproduisait. Depuis cent ans ça été la marche constamment suivie et avec une régularité dont on pourrait relever l'échelle périodique » (Saint-Amant).

Les colons ont été longtemps à acquérir des notions exactes sur la composition chimique du roucou et sur les principes qui font la valeur de la denrée. Deux théories sont encore en présence. L'une dit : la partie colorante n'est pas la seule utile et la seule recherchée. Le roucou ne s'emploie pas comme teinture, il n'est que l'auxiliaire d'une teinture ; on mêle le roucou dans une certaine proportion avec la garance 10 p. 0/0 de roucou, 90 p. 0/0 de garance, ou bien on passe premièrement les étoffes dans un bain de roucou, ensuite on emploie les mauvaises teintures qui tiennent parfaitement après cette opération. Le roucou est à la fois une matière colorante et un mordant ; le mordant est dans la graine et non dans la pellicule rouge ou principe colorant appelé bixine. C'est pour cela qu'il y a un grand avantage à faire de la pâte de pression plutôt que de la bixine pure. Cette bixine pure serait d'ailleurs inférieure pour la teinture puisqu'elle ne contient pas de mordant. Les Tapouyas du Brésil récoltent du roucou dans leurs forêts vierges. Ils en font du roucou en tablettes, intermédiaire entre la bixine pure et la pâte de pression. Bien qu'il contienne cinq ou six fois plus de matières colorantes que le roucou de pâte de pression, il se vend à peine 25 p. 0/0 plus cher. (Les Tapouyas, il est vrai, ont eux-mêmes gâté les prix, en se contentant d'un trop petit bénéfice). L'Angleterre consomme 60,000 kilogrammes de roucou par an, dont 6,000 kilogrammes pour la coloration des beurres et fromages (car le principe colorant du roucou est inoffensif) et 54,000 kilogrammes pour la teinture. Or le roucou en tablettes des Tapouyas du Brésil, sans doute parce qu'il ne contient pas de mordant, ne peut être employé qu'à la coloration des beurres et fromages, ce qui prouve que le roucou de pâte ne peut être remplacé par la bixine pour la teinture. Reste la coloration des fromages. Or, comme il faudrait vendre pour cet usage la bixine douze fois plus cher que la pâte de pression pour faire les frais, et qu'on la vend seulement 25 p. 0/0 plus cher, il n'y a pas à s'occuper de la bixine.

L'autre théorie tient au contraire pour la bixine. C'est sans doute entre ces deux théories extrêmes qu'il faut chercher la vérité.

L'*Indigo* réussit bien. Les Jésuites en avaient fondé une magnifique exploitation sur la rive droite de Kourou, à l'embouchure du fleuve, dans le canton qu'ils avaient appelé Guatémala du nom du pays le plus fameux alors par son indigo. L'indigo est la culture des petits colons, et c'est une culture fort lucrative. Au Bengale, contrée qui a presque le monopole de cette denrée, ce sont les Bengalis, petits propriétaires hindous, qui produisent tout l'indigo exporté. L'indigo des Bengalis est, il est vrai, manipulé dans une usine centrale dirigée, bien entendu, par des sujets de la Reine. Mais la plupart des grandes exploitations culturales tentées par les Anglais ont échoué.

L'indigo de la Guyane vaut celui de l'Inde. C'est une culture de début, car la plante est bonne à couper deux mois après avoir été semée. Les dangers vrais ou faux de la macération et de la précipitation, opérations fort longues et mal famées, avaient fait abandonner cette culture. Mais aujourd'hui la macération et la précipitation ont été abrégées et assainies par les moyens chimiques. Lescalier, le fameux ordonnateur, l'homme aux projets, avait établi une indigoterie à l'Approuague. Sa prospérité était déjà grande quand Lescalier fut rappelé.

Le *Nopal* existe en Guyane ; il est parfaitement acclimaté, ainsi que l'*Opuntia* ou nopal des jardins. Il serait donc aisé d'acclimater la cochenille. L'humidité du climat ne serait nullement contraire, car les nopaleries réussissent fort bien au Honduras, pays humide et pluvieux. La culture du nopal et l'industrie de la cochenille ont fait la fortune des îles Canaries. La cochenille y a été une véritable providence dans plusieurs districts où l'aisance, le bien-être, une prospérité toujours croissante sont venus remplacer la misère. En 1850, l'exploitation de ce produit dépassait déjà aux îles Canaries la somme de trois millions de francs (300,000 kilogrammes). Le nopal prospère dans les plus mauvaises terres. Les districts cultivés en nopal aux Canaries sont des districts absolument stériles. L'hectare donne 400 kilogrammes, soit une valeur de 4,000 francs. Les dépenses qu'entraîne une nopalerie en frais de labour, en journaliers employés, les difficultés et les fatigues qu'entraînent les travaux ne sont rien en comparaison des autres cultures. On peut garnir les nopals de cochenille au bout de la troisième année et la plantation dure dix ans. Au bout de cent jours la cochenille est arrivée au dernier terme de son développement, soit pour la sémination (ponte), en vue du développement des nopals, soit pour la dessiccation. Les cochenilles se reproduisent avec une rapidité extrême. Vers 1830, on voulut introduire l'insecte à Java. Toute la cargaison périt, sauf un mâle et une femelle. Vingt ans après, en 1850, Java exportait 50,000 kilogrammes de cochenille. (Il faut 60,000 insectes au kilogramme). Industrie délicate, mais sûre et peu difficile.

La France achète pour cinq millions par an de cochenille. Elle en retire la plus grande partie de l'écarlate qu'elle consomme.

CHAPITRE VII.

CULTURES TEXTILES.

En tête des textiles, il faut placer le *Coton*. Les premiers colons européens trouvèrent en Guyane le coton à l'état sauvage dans les forêts. Les Indiens l'employaient concurremment avec cent autres textiles. La culture du coton est une de celles à laquelle l'avenir promet une extension indéfinie. La France seule en importe pour 200 millions de francs par an. Liverpool en importe pour un milliard. Les Etats-Unis en ont le presque monopole ; ils en fournissent 800 millions de kilogrammes contre 120 fournis par l'Egypte et 90 par l'Indoustan. Le Brésil (Para et Pernambouc) en fournit des quantités peu considérables.

Entre l'Oyapock et le Vincent Pinçon toutes les terres basses comme toutes les terres hautes seraient propres à fournir un coton excellent. Le coton de Cayenne est moelleux, d'un beau blanc, son fil est soyeux et fort long. Les Oyampis cultivent dans le haut Oyapock une espèce de coton supérieure à celle cultivée par les colons de la côte. De la côte aux montagnes, la Guyane est évidemment beaucoup mieux partagée pour cette culture que l'Algérie où on a voulu faire quand même des essais de culture de coton malgré l'excessive sécheresse.

Le coton a toujours été d'une culture facile dans la Guyane française ; on l'appelait la culture des paresseux. On cultivait en terre haute comme en terre basse, dans les alluvions des rivières et de la mer comme sur les mornes. Il demande peu de bras et par là convient au petit propriétaire. Il donne du coton au bout de six mois, ce qui doit le faire encore rechercher par la petite culture. Il donne deux récoltes par an, l'une en février, l'autre en septembre. Il présente en Guyane cette particularité qu'on peut indéfiniment le renouveler en le caupant par le pied, car il devient arborescent.

Le coton récolté dans la Guyane française est un des meilleurs du monde, ainsi que l'indiquent les prix ci-dessous qui sont ceux de l'époque de la grande cherté du coton : coton de la Louisiane 5 fr. 65 cent. le kilogramme, d'Egypte 4 fr. 75 cent., de Cayenne 4 fr. 70 cent., de Para 4 fr. 35 cent., de Porto-Rico, Pernambouc, Haïti et l'Inde de 4 fr. 35 cent. à 4 francs. Malheureuseument le prix moyen du coton est à peine aujourd'hui de 2 francs le kilogramme. Et les Créoles compétents de la Guyane française disent qu'aujourd'hui la culture du coton serait une des moins rémunératrice.

A côté du coton on peut placer la *Soie.* Le ver à soie vit à l'état sauvage dans les forêts de la contrée ; on connaît trois ou quatre espèces de vers à soie indigènes, et malgré les objections qu'on a faites : objection des fourmis, objection de l'humidité, les expériences de Perrottet, de Beauvis et de Michély montrent que le ver à soie d'Europe est parfaitement acclimatable. Les arbres qui nourrissent le ver sont communs dans les bois. On en connaît plusieurs valant le mûrier : café diable, oranger, acajou, le coutarea surtout. Le mûrier se naturalise aisément et prospère mieux qu'en Europe et qu'en Asie. On a vu en Guyane des cocons de douze centimètres de longueur sur six de diamètre. Les plus petits sont de 270 au kilogramme. Les cocons milanais, qui sont les plus gros de l'Europe, sont de 400 au kilogramme. L'élève des vers à soie avait d'abord bien réussi. En 1851, un habitant de Macouria possédait 7,000 cocons provenant des vers à soie qu'il avait élevés lui-même.

CHAPITRE VIII.

LE CAFÉ.

Le *Café* est parfaitement acclimaté et prospère partout, mais principalement en terre haute où son arome rappelle le pseudo-moka du Brésil. Le café de la Montagne-d'Argent a une réputation en Europe. Il demande peu de bras, peu de capitaux. Il donne à deux ans et vit un siècle. 1/2 kilogramme par pied, 800 pieds à l'hectare, à 3 francs le kilogramme, 1,200 francs. Un travailleur peut entretenir plusieurs hectares. Avec quelques capitaux on pourrait se livrer en grand à la culture du café qui a fait la fortune du Brésil. Le Brésil est aujourd'hui le premier pays du monde pour la production du café. La production totale du globe est de 650 millions de kilogrammes. Le Brésil en fournit plus de 350 millions à lui seul contre 100 pour Java et la Sonde, 25 pour Haïti, 5 pour la Jamaïque, 4 pour le Mexique, 1 pour la Guadeloupe (dont tout le café se vend sous le nom de café de la Martinique), 600,000 pour la Réunion, 150,000 pour la Martinique et des quantités insignifiantes pour le Venezuela, l'Equateur, l'Arabie et les îles Sandwich. La Guyane pour sa culture du café n'aurait pas à craindre les coups de vent qui désolent les plantations à la Martinique, à Bourbon et au Brésil. Le café a été introduit vers 1720. Aujourd'hui on en récolte à peine pour la consommation locale. Les plantations ont été abandonnées.

CHAPITRE IX.

LE CACAO.

Le *Cacao* prospère partout.

Le Cacao demande peu de bras et peu de capitaux. Il donne à cinq ans. On peut compter 500 pieds à l'hectare, 2 kilogrammes par pied, soit à 1 fr. 25 cent. le kilogramme, 1,250 francs à l'hectare. Un travailleur peut entretenir plusieurs hectares.

Para exporte annuellement pour cinq millions de cacao.

Cette culture, comme celle du café et celles du tabac, est peu absorbante, fort lucrative, facile et nullement dangereuse. Les colons européens pourraient s'y livrer dès leur arrivée sans inconvénient pour leur santé.

CHAPITRE X.

LE TABAC.

Le *Tabac* a des débouchés non moins assurés que ceux du café. Sa consommation augmente tous les jours dans une proportion considérable. La Guyane française à elle seule en consomme annuellement 80,000 kilogrammes, soit plus de trois kilogrammes par tête. Mais ce tabac elle ne le récolte pas sur ses terres, bien que la région soit très-favorable à cette culture. La France consomme par tête 890 grammes (le Pas-de-Calais 1 kil. 828), l'Angleterre 600 grammes, l'Autriche 1 kil. 480, les Etats-Unis 1 kil. 600, l'Allemagne 1 kil. 830. Le produit brut annuel du tabac vendu en France par la Régie est de 330 millions de francs. Et ce monopole rapporte au Gouvernement un bénéfice net de 260 millions. Sur les 32 millions de kilogrammes consommés, la France en produit 20, en importe 3 d'Algérie et 9 de Virginie, Maryland, Kentucky, Cuba, Hongrie. Malgré le bas prix du tabac dans le commerce (en moyenne 1 franc le kilogramme, le meilleur marché est celui de Hongrie : 75 centimes le kilogramme, le tabac de Cuba est le plus cher de tous : il se vend jusqu'à 30 francs le kilogramme), tous les pays qui ont su s'adonner à la culture du tabac y ont réalisé d'énormes bénéfices. Dans la Guyane française le tabac est indigène. C'est la première culture à laquelle les colons se livrèrent. Au début de la colonisation, le tabac servait de monnaie. Il est encore aujourd'hui tellement commun qu'il pousse dans les rues de Cayenne avec les mauvaises herbes ; mais personne ne le cultive. La culture du tabac est pourtant bien simple, elle est fort rémunératrice, accessible aux petits cultivateurs, ne demande aucun travail préparatoire et exige peu de soins. Les terres des montagnes produiraient du tabac de qualité supérieure aussi bien que les plateaux similaires du Haut-Orénoque (Varinas) qui produisent le meilleur tabac du monde. Dans les terres moyennes il réussit fort bien. Il faudrait seulement de bons préparateurs. Les planteurs en Guyane faisaient très-bien pousser le tabac, puis ils le laissaient perdre ou le gâtaient dans la préparation. Ils ne surent jamais lui donner un apprêt faisant valoir sa qualité. A Para le tabac est tellement commun qu'on en a à 30 centimes le kilogramme. Il est vrai que le tabac supérieur du Certon se vend jusqu'à 6 francs. En 1840, le tabac de Macouria avait été assimilé aux meilleurs de France par la Régie. Production de l'hectare en Guyane : 2,000 kilogrammes de tabac.

L'Administration pénitentiaire a réalisé des bénéfices assez considérables dans cette culture, culture qu'on ne saurait trop recommander aux colons venus d'Europe, culture dans laquelle il est impossible de ne pas réussir.

CHAPITRE XI.

LES ÉPICES.

Depuis que Poivre, intendant de Bourbon, eût ravi, vers 1760, le monopole des arbres à épices aux Hollandais, en dérobant quelques plants des Moluques, ces plants ont si bien réussi en Guyane, que plusieurs ont repassé de l'état de domesticité à l'état sauvage. Dans la crainte que les plantations ne fussent détruites, on avait caché des plants isolés jusqu'au fond de la forêt vierge. La culture des épices à la Guyane française a donné à une certaine époque de magnifiques revenus.

Le *Cannellier* donne d'excellents résultats, son écorce, ses feuilles, sa poudre sont de qualité supérieure à celle des cannelles de la Chine et à peine inférieure à celles de Ceylan. La cannelle demande une bonne préparation, ce qui supposerait une grande exploitation et par suite des capitaux. Ainsi l'huile essentielle de cannelle, espèce de camphre qui atteint des prix fort élevés et qu'on fait avec les rognures et les mauvaises branches, ne peut être fabriquée que dans ces conditions. Cependant la cannelle se vendant en moyenne 25 francs le kilogramme, le colon intelligent réaliserait toujours des bénéfices sérieux dans cette culture agréable et facile, et pourrait s'assurer un revenu moyen de 1,200 à 1,500 francs à l'hectare. Le cannellier pousse d'ailleurs assez vite, au bout de trois à quatre ans on peut l'utiliser. — Para, Rio-Negro et sans doute aussi l'intérieur de la Guyane française, produisent le *bois-crabe* qui est une espèce de cannelle sauvage, appelé aussi *cannelle girofle*.

7

Le *Muscadier* met huit à dix ans avant de donner son fruit. Mais la noix et le macis demandent peu de préparation et se vendent 15 francs le kilogramme. De plus l'arbre une fois planté n'a guère besoin de culture. Enfin, comme il existe à l'état indigène et sauvage dans les forêts, il serait aisé d'en faire de grandes plantations dont on retirerait des avantages d'autant plus précieux qu'ils seraient obtenus sans peine dans une culture accessoire. — Le *Pouchéri* est une espèce de muscadier sauvage, croissant en pleine forêt. Sa noix vaut la franche.

Le *Giroflier* vaut celui d'Amboine. Ses clous et ses matrices se vendent 1 fr. 80 cent. le kilogramme. Le clou, comme on sait, est le bouton de la jolie fleur du giroflier. Cet arbre pousse haut, il faut des échelles pour cueillir le fruit. L'hectare ne comporte que 150 pieds de girofliers, ce qui donne un revenu modique de 270 francs à l'hectare (un kilogramme par pied). L'arbre est long à produire, la culture en est difficile. Pourtant la Guyane française a eu sa période brillante du girofle : C'est quand le kilogramme se vendait 9 francs. Malheureusement pour les colons ce prix ne s'est pas maintenu.

Le *Poivre* (c'est le poivre noir) a été l'objet de beaucoup de discussions. On avait fondé de grandes espérances sur le poivre noir, puis sur le poivre de Guinée également acclimaté. On a été malheureux. Le général Bernard voulut réussir quand même dans le poivre et il mourut à la peine. L'hectare comporte 1,000 plants, donnant 250 kilogrammes de graines sèches d'une valeur de 6 à 700 francs. Le rendement est faible et de plus incertain. Le bois support du poivre n'a pas encore été trouvé et, pour cette plante comme pour la vanille, le tuteur est de la plus grande importance.

Le *Gingembre* prospère le mieux de toutes les épices. Le prix en est fort élevé. On en fait peu de cas dans le pays.

CHAPITRE XII.

LA CANNE A SUCRE.

La Guyane française est un pays privilégié pour la culture de la canne à sucre. Dans les terres basses, la canne prospère fort longtemps sans aucun engrais. Dans les terres moyennes et les terres hautes, elle pousse admirablement. Ces terres grasses, vierges, profondes, ont pour cette culture un monopole naturel. Des millions d'hectares peuvent, pendant plusieurs années consécutives, se passer d'engrais, ce qui les constitue en état de supériorité évidente sur les pays concurrents. A la Guyane française, les cannes, vigoureuses et de belle venue, atteignent une hauteur moyenne de deux à trois mètres. Certains terroirs privilégiés en ont même produit s'élevant à la hauteur exceptionnelle et extraordinaire de six mètres sur un diamètre moyen de plus de six centimètres. Ces produits ont été exposés en France (Exposition fluviale et maritime) et médaillés, bien entendu.

Les frais qu'occasionnerait cette culture, pour le desséchement et l'aménagement des terres, ne seraient pas extrêmement considérables. Dès lors, les colons les plus pauvres pourraient se mettre à faire de la canne, sûrs de trouver dans l'usine centrale qui se créerait un débouché pour leurs produits si minces qu'ils puissent être.

L'hectare rend en sucre un minimum de cinq boucauts (2,500 kilogrammes) et, dans certaines terres, jusqu'à quatorze (7,000 kilogrammes). Le sucre brut se vend 40 centimes le kilogramme sur place, soit une moyenne de 1,000 francs, et dans certaines terres, jusqu'à 2,800 francs. Sans compter le tafia, d'une valeur de 100 francs au boucaut, soit 500 francs pour la moyenne et 1,400 francs pour le rendement maximum. Ce qui donne pour les terres moyennes un total de 1,500 francs à l'hectare, et pour les terres exceptionnelles 4,200 francs. Donc, au bas mot, l'hectare rendrait en sucre 1,500 francs. Si on compte, chiffres extrêmes, 500 francs pour les frais de culture et 500 pour l'usinier, il resterait pour le travailleur un bénéfice de 500 francs à l'hectare. Un travailleur peut entretenir un hectare en cannes, soit un revenu annuel et net de 500 francs, soit 1,500 francs pour une famille. Revenu net, car le petit colon s'adonnera toujours avec raison aux cultures vivrières qui lui assureront sa subsistance quotidienne et il cultivera la canne comme denrée d'exportation, denrée industrielle que l'usine centrale utilisera sur place. La terre ici est accessible à tous et il n'est colon si pauvre qui ne se puisse assurer de beaux revenus dans la culture de la canne, pour peu surtout qu'il sache associer à sa culture principale telle autre culture rémunératrice pour laquelle il aurait des avantages particuliers, comme celle du manioc, par exemple.

Les exploitations sucrières établies jadis avaient pleinement réussi malgré les moyens primitifs dont on a usé jusqu'à ce jour dans la colonie pour la fabrication du sucre. En 1848, il existait dans la colonie plus de trente sucreries, toutes en bénéfice. Elles occupaient 4,200 noirs. Le sucre était la grande culture du pays. Depuis l'émancipation, les quelques entreprises de ce genre qui ont été tentées ont été couronnées de succès. Mais il n'y a plus dans la colonie de bras disponibles pour l'agriculture. Cependant, au moment où nous écrivons, une usine se forme, et le fondateur compte à bon droit, croyons-nous, sur le succès. On trouve encore un peu de cannes chez les concessionnaires du Maroni et à l'île Portal. Avec quelques capitaux, des industriels experts, de bons ouvriers, une gestion intelligente, nul doute que l'usine centrale ne réalise des bénéfices sérieux, grâce à la spécialisation de son travail.

D'ailleurs, de grandes entreprises industrielles ou sociétaires, en possession de quelque riche terre alluvionnaire du littoral ou de l'intérieur, pourraient mener de front la culture des cannes et l'industrie du sucre.

Dans cette question de la canne se trouvent renfermés, et la prospérité agricole de la colonie, et son développement industriel, et son avenir commercial. On peut l'aborder de suite; elle ne tardera pas à appeler une population de petits colons, d'ouvriers d'usine, et à fournir aux navires le fret de retour dont ils ont besoin. Il n'y a que le premier pas qui coûte. Il faut montrer ce que l'on peut faire. La colonie doit donner un échantillon de sa puissance productive. La canne ne doit pas évidemment être la culture unique ; mais les colons les plus compétents voient en elle, à l'heure présente, la culture de début. Pour eux, l'avénement de la canne sera la fin de la crise, le signal de la résurrection de la colonie, la première en date des mille opérations qui feront de cette contrée, si féconde, si belle et si malheureuse, une des plus florissante de la terre.

LIVRE IV. — LES MINES

CHAPITRE Ier.

L'OR.

Les richesses minières de la Guyane française sont aussi importantes que variées. Les terres de la colonie renferment l'or, l'argent, les pierres précieuses, le fer, la houille et la plupart des métaux, les granits, les grès, les terres à poterie et à porcelaine. Le plateau de Guyane est, comme on sait, une région absolument identique comme constitution géologique à celle du plateau de Brésil dont les richesses minérales sont bien connues.

De tous les métaux que récèle le sol guyanais c'est à l'or que nous devons donner le premier rang. Ce rang lui est dû à cause de son importance historique. Les gisements argentifères, ferrugineux, ont peut-être une importance intrisèque égale ou même supérieure. Les dépôts de terre argileuse, de terre à briques et à poterie, de kaolin, très-communs, très-précieux produiront peut-être un jour plus que l'or ne produira jamais. Mais jusqu'à ce jour l'or seul a été exploité.

La Guyane française traverse depuis vingt ans et plus la période de l'or, comme elle eut jadis sa période du girofle. A tout seigneur tout honneur. C'est par le seigneur du jour qu'il nous faut commencer.

L'industrie aurifère a dans la colonie ses partisans enthousiastes et ses détracteurs passionnés. Nous nous bornerons à raconter les faits et à les accompagner de quelques réflexions suggérées par la science économique la plus orthodoxe.

Depuis plus de trois siècles la croyance à l'existence de l'or dans les hauts du pays se maintenait vivace au cœur de la population. A peine le littoral était-il reconnu que, sur la foi de narrations fabuleuses, des aventuriers de toute provenance se lançaient dans l'intérieur. Ils allaient conquérir le fameux El Dorado où l'or remplaçait la pierre. Manoa del Dorado était une ville bâtie sur les bords du lac Parime, lac que l'on devait atteindre, en remontant l'un des petits fleuves de la contrée. Les Indiens ont l'imagination fertile et les aventuriers plus encore. Les premiers avaient dit aux seconds qu'il existait dans les montagnes un Chef dont le palais était pailleté d'or. Les aventuriers firent de l'assertion exagérée des Peaux-Rouges une traduction hyperbolique. Il s'agissait en réalité de quelque chef Trio, Roucouyenne ou Oyampis habitant une de ces grottes aux parois micacées comme il en existe tant dans la région. Les chercheurs de fortune en firent une ville aux toits d'or massif où s'était réfugié avec tous ses trésors le dernier des Incas. Le lac Parime devait être quelque modeste pripri créé dans une fissure des montagnes par le gonflement hivernal des torrents. Il devint une immense nappe d'eau au lit tapissé de sable d'or. Pour l'homme doré (El Dorado) dont le vêtement était fait de paillettes d'or, Patris et Mentelle nous instruisent sur son compte. Nous le reconnaissons dans quelqu'un de ces Chefs des montagnes qui fixent sur leur peau un enduit de poussière de mica.

La fable de l'El Dorado fut propagée et accréditée au commencement du XVIe siècle par un certain Martinez. Cet Espagnol, revenant de pirater en Guyane, affirma que les trésors dont il était possesseur provenaient des sables du lac Parime. Le digne corsaire, se mourant à la Havane, attesta encore à son confesseur la véracité du fait. Dès lors le doute ne fut plus permis.

Le XVIe siècle fut pour la Guyane la période de la recherche cosmopolite de l'or. Ce siècle n'enrichit pas l'Europe d'une guinée guyanaise et la Guyane d'un colon européen. La terre d'El Dorado dévorait ses explorateurs.

Des hommes illustres payèrent de leur vie leur croyance à la fable de Martinez. La plus célèbre victime fut le fameux chevalier Walter Raleigh. Le grand navigateur n'eut même pas la gloire de mourir au désert à la poursuite de sa chimère ; il périt à Londres de la main du bourreau. Après deux voyages infructueux, accusé de trahison, il fut décapité.

Au XVIIe siècle, époque des essais de colonisation par les compagnies féodales, ce fut encore l'espoir de faire dans le pays de l'or fortune rapide et sans travail, qui recruta les colons. Des gentilshommes ruinés, des capitaines de bandes, des soudards fatigués des champs de bataille, des ouvriers, parias rejetés par leur corporation, abordèrent au pays des miracles. Ces colons condottières, riches d'audace, légers de science de scrupules et d'argent, se mirent à qui mieux mieux, dès leur arrivée, à torturer les Indiens pour leur arracher le secret de l'or. Calina fit la guerre puis émigra, ou bien vaincu resta muet dans les tourments.

L'Administration fit aussi des tentatives. Mais le même mutisme de la part des naturels, la même ignorance de la part des chercheurs firent échouer toutes ses entreprises comme avaient échoué celles des aventuriers. Pourtant on voit encore, en 1720, un gouverneur, le sieur Claude Guillouet d'Orvilliers, envoyer aux frais de la colonie, et sans succès, bien entendu, un détachement qui périt à la recherche du fameux El Dorado.

Manoa d'El Dorado et le lac Parime étaient des rêves ; mais l'existence de l'or était bien une réalité. La plupart des tribus indiennes connaissait les gisements. Plusieurs Indiens s'ornaient de bijoux d'or qu'ils fabriquaient eux-mêmes. Les Nolaques qui habitaient le haut de l'Approuague étaient fameux par leurs bracelets et leurs colliers d'or massif.

Vers 1700, on fit pour la première fois dans la colonie la découverte réellement positive et authentique d'un gisement aurifère. A une demi-lieue de Cayenne, disent les vieux chroniqueurs, on trouva mêlé à un sable noir un sable doré qui, après avoir été lavé et mis dans le creuset, donna des paillettes d'or.

Patris, en 1762, trouva des paillettes d'or dans les criques des Tumuc-Humac.

Quelque temps après Buffon, concluant par analogie entre les terrains de la Guyane française et ceux du Mexique et du Pérou, affirma l'existence de l'or dans la colonie. Il en signalait partout, il est vrai, excepté pourtant en Californie et en Australie.

En 1803, le colonel Ogier de Gombaud, voyageant dans l'intérieur, rencontra un Indien qui portait au cou un morceau d'or de trois à quatre livres. Le colonel en conclut aussi à l'existence de gisements aurifères dans la contrée.

Vers 1820, un Indien d'Iracoubo montrait à un certain Florimond une poche à pépites dans une crique. Florimond revint seul pour exploiter le trésor qu'il ne retrouva pas.

Dans son voyage de 1830, le naturaliste Schomburgk trouvait de l'or dans la sierra Paccaraïma.

Pendant ce temps Adam de Bauve voyageait en Guyane, de l'Oyapock aux Tumuc-Humac orientales, remontant les criques pour trouver le métal précieux. Il chercha ainsi sept ans. Découragé, malade, il revint à Paris où la misère le poussa au suicide.

Toutefois, depuis le commencement du XVIII° siècle la croyance à l'El Dorodo s'était affaiblie, puis avait disparu. En même temps la croyance à l'existence de gisements aurifères dans la contrée avait passé à l'état de certitude.

Mais on n'avait pas encore trouvé de gisement important. On ne savait point d'ailleurs s'il fallait chercher des pépites dans la boue des criques ou des filons dans le quartz. De plus on n'avait pas la moindre idée de l'exploitation aurifère.

En 1854, l'or fut découvert encore une fois.

Un ancien ouvrier des mines d'or de Minas Geraes, l'indien brésilien Paoline, cherchant de la salsepareille sur les bords de l'Arataïe, affluent de gauche du haut Approuague, fut frappé de la ressemblance des terrains qu'il foulait avec ceux qu'il avait jadis travaillés aux mines d'or du Brésil. Un coolie qui accompagnait Paoline aida celui-ci à fabriquer quelques primitifs appareils. On fouilla rapidement et des pépites furent trouvées dans les boues de la rivière. Paoline revint à Cayenne où il vendit ses quelques paquets de salsepareille et ses quelques grammes d'or. Ne sachant comment tirer parti de sa découverte, parlant à peine le français, il s'ouvrit à un ancien consul de France à Para, Prosper Chaton, et au commandant du quartier de l'Approuague, Félix Couy. P. Chaton informa de suite le gouvernement colonial. Celui-ci nomma une commission, et F. Couy partit avec Paoline vérifier l'authenticité de la découverte.

Les deux voyageurs partirent aux frais de la colonie. L'expédition dura quarante jours. Paoline jouait au sorcier. On ne rapporta que pour 400 francs d'or, et le voyage avait coûté 4,000 francs.

Quelques Créoles se transportèrent ensuite sur les lieux ; mais encore peu experts dans les travaux de prospection, ils durent revenir sans avoir rien trouvé. Heureusement qu'on était à l'époque des découvertes de l'Australie et de la Californie. Les placers de l'Approuague et de la Guyane durent à cette circonstance de n'être pas abandonnés. Les chercheurs poursuivirent avec ténacité leurs investigations.

La découverte de l'or dans la colonie fit du bruit dans la Métropole. Napoléon III, flairant l'El Dorado, interdit d'abord formellement, par le décret du 30 novembre 1855, l'exploitation des placers par les particuliers, réservant à la couronne seule la possession de ces trésors. Mais le 19 février 1856, le décret fut rapporté. Les prospections de l'Approuague faites par des bras inexpérimentés n'avaient pas été brillantes.

On était loin de l'enthousiasme des premiers jours. Dans l'optimisme de la première heure, on avait publié que la Guyane française dépasserait bientôt la Californie, et Cayenne San-Francisco. Tel Cayennais prédisait à un ami, auteur d'un voyage en Californie, une statue d'or sur les placers des grands bois. L'ami acceptait sans façon « sans préjudice des hommages de la postérité. » La fièvre primitive fit place à un scepticisme des plus découragés. Les placers mal découverts encore étaient sur le point de disparaître sous les satires et les quolibets qu'on leur prodiguait. Seul, le commandant de l'Approuague croyait toujours.

L'arrivée à Cayenne d'un mineur de Californie facilita bien à propos les recherches de l'apôtre des placers. De nouvelles prospections faites à l'Approuague furent plus que satisfaisantes. Cette fois l'or était bien et positivement découvert.

La première compagnie, fondée dès le début, ne tarda pas à faire des bénéfices. Sur ces entrefaites, F. Couy était assassiné à l'Approuague. Et quelque temps après, Paoline mourait à l'hôpital de Cayenne. Toutefois, l'exploitation aurifère était définitivement établie en Guyane.

L'or de la Guyane française, comme dans les districts aurifères du Brésil, provient de la désagrégation des montagnes. Chaque montagne contient de l'or. Les pluies, en ravinant et désagrégeant les montagnes, les racines des arbres, en désagrégeant les roches, sont les agents qui conduisent l'or aux criques. L'or entraîné se tasse, traversant la couche alluvionnaire des rivières et ne s'arrêtant que dans le gravier. Les dépôts sont un fait continuel, mais lent. Nous le voyons encore se produire sous nos yeux. L'or pousse, dit-on. Mais il pousse si lentement que lorsque les dépôts actuels seront épuisés il faudra attendre deux ou trois siècles pour constater de nouveaux dépôts de moins en moins riches.

Aujourd'hui l'or se trouve principalement à l'état de poussière plus ou moins fine, mêlé à une couche de gravier qui repose sur l'argile. Quelques pépites sont presque imperceptibles, c'est de la poussière d'or, d'autres pèsent plusieurs grammes. Les terres alluvionnaires recouvrent ce gravier. C'est de l'épaisseur de la couche de terre alluvionnaire que dépend principalement la richesse du gisement. Cette épaisseur varie de 0^m10 à 2 mètres. Il faut tenir compte aussi de l'épaisseur de la couche de gravier, car souvent l'or tasse et se dépose sur l'argile. Un placer médiocre peut donner des résultats avantageux quand l'or se trouve à peu de profondeur, mais s'il y a deux mètres de terre à retirer pour arriver à la couche aurifère, le placer le plus riche aura peine à faire ses frais.

Les découvertes de l'Arataïe furent le signal de recherches nouvelles en tous sens. Successivement les criques de l'Approuague, de la Comté, de l'Orapu, de l'Oyapock, du Ouanari, du Kourou, de Sinnamary, de la Mana, du Maroni furent fouillées, tournées et retournées. Des sommes considérables furent englouties dans ces recherches. La population émigra aux placers où une petite partie fit fortune, une plus forte partie fit des pertes et où la masse ouvrière ne fit guère que des voyages et peu de bénéfices. Le travail des placers, qui consiste à retourner la boue des criques, fit des vides sérieux dans les rangs des travailleurs. Tous les ans, il fallut combler ces vides. Mais l'étrangeté de la vie des grands bois, l'appât d'un salaire élevé, et parfois des considérations moins honnêtes maintinrent le marché convenablement approvisionné de bras, du moins pendant les premières années. Créoles, Coolies, Chinois, Antillais affluèrent. On utilisa aussi la transportation. Cayenne fut le lieu de rendez-vous d'une petite population de chercheurs d'or européens. La jeunesse créole surtout se présenta en masse. Tout travail agricole fut abandonné, toutes les industries locales tombèrent. La colonie vécut aux grands bois dont Cayenne devient l'entrepôt. Les déceptions, les dépenses infructueuses, les rivalités, la rage de la fortune rapide, quelques succès inespérés donnèrent à la recherche de l'or un caractère fiévreux. On se précipita dans tous les sens dans les hauts, aussi loin que possible, jouant son va-tout, le perdant, empruntant pour rejouer encore, gagnant parfois. Les chevaux et les voitures se multipliaient à Cayenne et les titres de rentes dans certains coffres-forts. Le prix des denrées de première nécessité doublait, triplait, quadruplait. La population ouvrière qui n'était pas renforcée par une immigration assez forte diminuait. La côte se faisait désert. C'est là le fait constant, d'ailleurs, et qui se retrouve dans toutes les contrées aurifères au début de la période de grande exploitation.

Il n'entre pas dans dans notre plan de faire l'historique de chacune des compagnies ou des sociétés qui se sont fondées pour l'exploitation des placers de la Guyane, pas plus que de raconter les découvertes heureuses ou de discuter les budgets des exploitations privées ou collectives.

L'historique des placers de la Guyane est actuellement impossible à faire, même à grands traits. Comment se reconnaître au milieu des renseignements contradictoires que fournissent les passions en conflit; comment suivre le fil de toutes les opérations multiples qui ont constitué l'exploitation aurifère en Guyane?

D'ailleurs cet historique offrirait bien peu d'intérêt. On y apprendrait les noms de cinq ou six placers fameux dans le petit milieu cayennais. On y verrait que la recherche des trésors des alluvions a été un pur jeu du hasard. On y verrait comme quoi tels placers ont dix fois changé de mains sans donner de bénéfices. Comment d'autres ont enrichi deux ou trois propriétaires consécutifs. Comment tel chercheur d'or, intelligent et actif, a battu vingt ans les bois sans résultats sérieux et comment la fortune est venu chercher tel autre qui ne pensait pas elle. Tel se tient depuis dix ans à un sien placer, attendant les bénéfices. D'autres ont des concessions énormes, faisant prospecter en vue seulement de riches découvertes. On y apprendrait l'organisation intime des placers, la vie des directeurs, des employés et des ouvriers qui sont dans les bois ; de l'administrateur, des fournisseurs et des associés qui sont à Cayenne. On ferait connaissance avec la technologie de la prospection et de l'exploitation. — Mais nous devons nous interdire, on comprendra pourquoi, cette partie de notre sujet.

Ce qui nous préoccupe se sont les résultats généraux de l'industrie aurifère. On a fait à cette industrie divers reproches que nous ne citerons que pour mémoire, car ils nous paraissent exagérés. On a dit que la mortalité des ouvriers était énorme au placer, que les 10, 20 ou 30 jours de canotage dans les sauts, le travail malsain des criques avaient moissonné la jeunesse créole.— La mortalité a excédé la moyenne habituelle, nous n'en doutons pas, mais elle n'a jamais été aussi effroyable qu'on a bien voulu le dire. On a dit que la vie des mines avait inculqué à la population des habitudes de paresse et d'immoralité.— Après huit ou dix mois de désert, le mineur s'éjouit à Cayenne comme le marin après une longue traversée, voilà tout. Pour ce qui est de la paresse, le travail de la mine n'a ni accru ni diminué le penchant du Créole pour le travail de la terre.

De l'histoire encore confuse de l'exploitation aurifère dans ce pays ressortent quelques faits saillants.

Pour les capitalistes, petits et grands, elle a été une loterie. Pour la masse ouvrière, elle a été un dérivatif médiocrement heureux. Presque tout l'argent gagné sur les placers a été follement dépensé à Cayenne. Le plus humble travailleur créole en cultivant son lopin de terre aurait réalisé de plus sérieux bénéfices. Quant au rendement total de l'or, il est bien difficile de le définir, l'or trouvé n'ayant pas toujours été déclaré. Si nous nous rapportons à la statistique officielle, le rendement total de 1856 à ce jour n'a été que d'environ 55 millions de francs. 3,500,000 francs de 1856 à 1866, 12 millions de 1866 à 1873 inclus, et environ 40 millions de 1873 à 1882 inclus. La période de 1873 à 1882 a été l'époque des grands rendements, époque qui touche à sa fin. La production moyenne de ces vingt-six années n'a été que d'un peu plus de 2 millions par an de production brute. Il serait difficile de dire combien ces 55 millions ont coûté à extraire du sol ; mais à part les succès de quelques individualités, on peut se demander si l'on n'est pas en droit de conclure qu'en général l'industrie de l'or alluvionnaire n'a pas plus enrichi la population coloniale que n'aurait pu faire telle ou telle branche de culture.

On a abusé, nous le savons, des rapprochements entre la Guyane et les terres d'Australie et de Californie. Ces rapprochements sont forcés, aussi bien au point de vue des procédés d'exploitation qu'au point de vue des rendements et des résultats. Là-bas, dans les débuts, l'ouvrier pouvait, jusqu'à un certain point, travailler isolément et pour son compte, gagnant 500 francs dans sa journée et payant un œuf 10 francs. La recherche de l'or était souvent une aventure personnelle, individuelle. L'or des placers passait en plus grande partie dans la poche des gargotiers ; mais quand la pioche du mineur ne fournissait pas à celui-ci un assez gros morceau d'or pour acheter des victuailles, la pioche pouvait être employée à autre chose. La douceur d'un climat aussi tempéré que celui de l'Europe, l'existence de voies de communication que l'État avait ouvertes avec l'or prélevé sur la production totale, permettaient au mineur malheureux de se faire immédiatement pâtre ou colon, squatter ou settler. Et la véritable prospérité du pays se fondait. Dans la Guyane française, la recherche de l'or est dispendieuse, la prospection des criques coûte déjà beaucoup, quelques prospections malheureuses ruinent un petit capitaliste. La plupart des ouvriers ne sont point des aventuriers, mais bien des salariés, presque des engagés. Le canot du placer les emmène par brigades dans les hauts, à dix et même vingt journées de canotage, au milieu des sauts et des rapides. L'approvisionnement est lent, difficile et coûteux. Le travail des bois est malsain. De chaque côté de la crique travaillée s'étend la forêt vierge. L'ouvrier malade ou mécontent devra descendre, car ce n'est pas dans la région des placers qu'on trouve des travaux préparatoires, des voies de communication, des terres défrichées, assainies ou immédiatement utilisables. L'ouvrier descendra à Cayenne pour remonter peu à près, toujours comme ouvrier, sur un autre placer.

Une grande partie de l'or gagné dans les solitudes a pris, à Cayenne comme en Californie et en Australie, le chemin des restaurants et des débits, puis de l'Europe. Mais ce qui a été fait en Australie et en Californie a été intelligent. Ce qui a fondé la prospérité de ces contrées, c'est la manière dont l'État a employé la contribution imposée à l'industrie aurifère aux dépenses d'intérêt général.

Une bonne partie des millions trouvés dans le pays fut in-

corporée au sol sous forme de routes, de canaux, de terrasse-
ments, de ports creusés, de défrichements opérés, en un mot,
de travaux préparatoires. Ces travaux préparatoires ont en
même temps contribué à retenir comme agriculteurs, sur le sol
où ils venaient chercher les millions, les aventuriers cosmopo-
lites. S'ils n'avaient trouvé aucune facilité de travail, de communication et d'échange, fussent-ils venus par millions, que ceux-
là qui ne seraient pas morts seraient repartis. Ceux surtout
qui auraient réalisé les plus belles fortunes, car il est un fait
d'expérience banale, c'est que l'homme riche n'aime pas les
solitudes, et que les millions conquis dans les déserts émigrent
généralement vers les grandes cités. En Australie, en Californie les travaux préparatoires, les voies de communication rapides
transformèrent en capitales les anciens petits chefs-lieux. L'industrie aurifère se régularisa, se transforma, et bientôt les
industries agricoles et pastorales réalisèrent des fortunes immenses, solides, nationales, auprès desquelles les richesses des
placers ne tardèrent pas à en pâlir. Il aurait dû en être de même
à la Guyane. Et aujourd'hui si l'on veut faire quelque chose, il
faut s'y mettre. Seuls les travaux préparatoires largement con-
çus et rapidement exécutés pourront faire rendre à l'industrie
aurifère tout ce dont elle est susceptible, en même temps qu'ils
prépareront la transformation de la gangue en exploitation agricole. Sans cela, les mines épuisées, on pourra constater que
les millions ont émigré, que les bras se sont affaiblis et que la
terre est appauvrie. Que l'on se souvienne des 40 milliards d'or
et d'argent extraits des mines de Potosi. L'Espagne ne dota
point le Pérou de travaux préparatoires. Les riches seigneurs
métropolitains dépensèrent en folies ces trésors si facilement
acquis. Ces caballeros n'avaient qu'un profond dédain pour les
entreprises agricoles et industrielles. Qu'arriva-t-il ? Tout travail autre que celui de la mine disparut. Et au bout de deux
siècles, non-seulement le Pérou était ruiné et dépeuplé, mais
l'Espagne l'était aussi par contre-coup.

Dans la Guyane française, le drainage s'est opéré et les travaux

préparatoires n'ont pas été accomplis. Ce qui devait arriver, nous nous plaisons à le reconnaître, avait depuis longtemps été prévu par quelqnes bons esprits. M. le gouverneur Loubère écrivait, le 24 juillet 1871, à la chambre d'agriculture, de commerce et d'industrie. « Il n'y a aucune hérésie contre la doctrine éco-
« nomique à admettre que l'industrie aurifère peut, non pas
« précisément *constituer* la prospérité d'un pays, là serait l'er-
« reúr, mais y *aider* puissamment, à la condition toutefois d'être
« *mise largement à contribution* pour les charges de la commu-
« nauté. Autrement, profitable aux individus, elle resterait
« stérile pour la colonie d'où elle retire des richesses qui ne se
« renouvellent pas annuellement, comme celles de l'agriculture.
« Pour apprécier toute la différence qu'il y a au point de vue
« des intérêts généraux et de l'avenir du pays, entre l'industrie
« aurifère et l'industrie agricole, il suffit d'un simple rap-
« prochement. En effet les chercheurs d'or heureux peuvent
« à un moment donné quitter la colonie, emportant avec eux
« tous leurs capitaux. — Que restera-t-il au pays ? Des terrains
« criblés d'excavations irrégulières, déchiquetés, usés, hors de
« service, *une gangue vide.*
« Les agriculteurs, au contraire, sont obligés d'incorporer
« à la terre pour la mettre en valeur des capitaux sous forme
« de déboisements, défrichements, desséchements, canaux,
« digues, chemins, plantations, bâtiments d'exploitation, etc.,
« et ces capitaux ainsi incorporés au sol lui donnent naturel-
« lement une plus-value considérable que les agriculteurs en
« partant ne sauraient emporter avec eux. Cette plus-value
« reste indissolublement liée au pays dont elle constitue la
« richesse foncière et le plus solide élément de prospérité. »
Notre situation actuelle est bien facile à définir :

L'agriculture n'a pas de bras. L'industrie est morte. Les denrées de consommation, les matériaux de construction, la main-d'œuvre sont à des prix excessifs. Seuls quelques heureux qui ont trouvé des millions dans les criques, peuvent, en se réfugiant en France, se dérober aux difficultés de la vie économique du milieu. Nos deux ou trois bouts de routes n'ont pas été allongés, l'intérieur n'est pas plus connu qu'il y a cinquante ans, et c'est en pure perte que l'administration du pays a dépensé depuis longues années des sommes assez fortes pour payer des géomètres du cadastre qui ne lui ont rien fourni. Si la topographie du pays n'existe pas, ses richesses de toutes sortes sont tout aussi inconnues. Les filons aurifères des montagnes n'ont guère été étudiés, les autres gisements métalliques ne l'ont pas été du tout. Les communications par terre et par eau sont toujours aussi difficiles. Pas le moindre essai de canalisation, de desséchement, de défrichement. Le sol abandonné à lui-même est retourné d'une demi-appropriation à l'état sauvage.

Il est d'autant plus urgent de s'occuper aujourd'hui de notre Guyane qu'elle est maintenant dans la seconde période de l'or, la période de la véritable industrie aurifère : l'industrie des quartz. Infiniment moins aléatoire, le quartz ne prodigue peut-être pas tout d'abord des fortunes immédiates, subites. Il demandera des capitaux, de la science, de la pratique, un personnel expert. Mais le quartz de la Guyane est riche et les industriels qui en feront l'entreprise réaliseront de beaux bénéfices, malgré les difficultés des transports, des communications et du ravitaillement.

Les quartz aurifères de la Guyane passent pour nombreux et riches. (Les quartz seuls renferment réellement de l'or, les autres roches sont pauvres et ne renferment pas de filons.) Le quartz repose généralement sur une couche d'argile ou est légèrement enfoncé dans cette couche. Parfois l'or se montre à l'œil nu dans le quartz, le plus souvent il est imperceptible et le mercure seul peut le faire apparaître.

L'industrie des quartz n'a pas d'adversaires dans le pays. Car on voit dans ce travail une industrie véritable et non une espèce de jeu de hasard comme dans la fouille des alluvions. La reprise de l'agriculture favoriserait dans une certaine mesure ces opérations de grande industrie. Toute industrie positive est de bonne colonisation. Le peuplement, la mise en culture, l'utilisation d'un grand pays, la colonisation, en un mot, doit être une opération scientifique et non une loterie. Pour les immigrants métropolitains (ouvriers de grande industrie ou colons cultivateurs) l'aisance doit mathématiquement être assurée au bout de dix années de travail. L'industrie des quartz et les industries agricoles procureraient ce résultat.

CHAPITRE II.

LES AUTRES RICHESSES MINÉRALES.

L'*Argent* n'est pas rare dans la Guyane française. Les gisements argentifères sont connus depuis longtemps. Ceux de la Montagne-d'Argent, sur la rive gauche de l'Oyapock, à l'embouchure du fleuve, ont été exploités par les Hollandais pendant leur occupation de la colonie, de 1652 à 1658. Plus tard, en 1700, M. de Féréolles tira de cette même montagne d'Argent 29 quintaux de minerai qu'il envoya à Paris. Ce minerai, fort riche, produisit 40 p. 0/0 d'argent pur. D'autres gisements existent sur les bords du Camopi, affluent de gauche de l'Oyapock.

Les *pierres précieuses* se trouvent dans le haut des rivières, vers la région des sources, au plateau des Tumuc-Humac. En 1778, Jacquemin y découvrit des *topazes*, des *chalcédoines* et des *grenats*. Lacondamine trouva des *jades* au Cap Nord. Le diamant doit exister aussi, car les terres de Diamantina, du Rio-das-Velhas du Cerro do Frio sont indentiques comme constitution géologique à celles de la chaîne centrale de Guyane. Ces recherches, il est vrai, sont encore plus périlleuses et plus incertaines que celles des pépites. Toutefois, par les énormes bénéfices qu'elles promettent, elles attireraient sans doute une foule d'aventuriers le jour où la Guyane française pourrait montrer des champs aussi précieux que ceux de Kimberley ou du Griqua Laud East.

Le *Fer,* plus précieux que l'or, l'argent et le diamant, est extrêmement répandu. Tout le sol de la Guyane est ferrugineux. De la côte aux montagnes il n'est pas de canton où l'on ne trouve du fer. La roche appelée *roche à ravet,* si commune dans le pays, est très-riche en minerai. Le fer gît souvent à fleur de terre. On l'a souvent essayé et toujours il a été trouvé riche. Celui des montagnes passe pour être de qualité supérieure. Il serait aisé de construire et d'entretenir des hauts fourneaux, l'argile étant à pied-d'œuvre et le bois de chauffage remplissant les forêts.

La *Houille* a été trouvée aux environs de Cayenne, à Roura, au Maroni. De plus une grande partie des savanes basses sont de véritables tourbières. La présence du fer et de la houille, ces deux éléments primordiaux de toute richesse industrielle, assurerait à la contrée un magnifique avenir, si, comme on le croit, la houille était aussi abondante que le fer.

Le *Plomb* et le *Cuivre* ont aussi été découverts, mais il est bien difficile de dire si les gisements sont nombreux et importants.

La colonie a, dans la modeste industrie des granits, des pierres, des grès et des terres argileuses, une ressource qui n'est pas à dédaigner. D'après Patris, Mentelle et Crevaux, les *granits* des hautes terres seraient magnifiques. On en trouve aussi d'une véritable beauté dans les premiers des cordons montagneux, qui s'étagent entre la côte et les Tumuc-Humac. Ces granits seraient précieux dans un rayon où la pierre est assez rare.

Les *Pierres meulières,* les *Grès* abondent dans les altitudes moyennes et sont aussi beaux que ceux de Marajo-Sul. Lé *grès blanc* est commun. Le *sable blanc*, souvent chargé de silex, est propre à la fabrication du verre. Ce sable abonde dans certains quartiers.

La Guyane est par excellence la terre des *argiles*. On y montre toutes les variétés d'argile, des plus grossières aux plus fines. La *terre à briques*, la *terre à poterie* sont extrêmement communes. C'est ce qui explique l'état relativement avancé de la céramique chez les Indiens. Leurs gargoulettes, leurs pipes, la plupart des pièces de leur batterie de cuisine sont façonnées avec l'argile qu'ils ont retirée de quelque trou pratiqué à côté de leur carbet. Quelques-unes de ces pièces sont d'un travail artistique assez remarquable. Le *kaolin* se trouve dans plusieurs endroits. Il abonde dans certains quartiers.

Les *sources thermales* se trouvent en assez grand nombre dans la colonie. On en a découvert plusieurs dans l'Ile-de-Cayenne et même aux portes de la ville.

Toutefois, on ne saurait trop le répéter, il est dans l'ordre naturel des choses, dans l'ordre économique et dans l'ordre historique, de débuter dans ces terres tropicales vierges et plantureuses par les cultures alimentaires et d'exportation, l'élève du bétail et l'exploitation des bois. Les entreprises industrielles demandant de gros capitaux, des bras nombreux, une grande science professionnelle, ne peuvent sans danger précéder les entreprises de petite colonisation.

ANNEXE.

NOMENCLATURE

DES RICHESSES FORESTIÈRES

ET AGRICOLES

DE LA

GUYANE FRANÇAISE.

I. — LES PRODUITS FORESTIERS.

II. — LES BOIS.

III. — LES PRODUITS AGRICOLES.

I. — LES PRODUITS FORESTIERS.

ALIMENTAIRES, OLÉAGINEUX, MÉDICINAUX,
AROMATIQUES, TINCTORIAUX, TEXTILES.

CHAPITRE Ier.

Produits forestiers alimentaires ligneux.

PRINCIPAUX PRODUITS : Les *Palmiers,* le *Cacaoyer sylvestre,* l'*Arrowroot,* le *Touka,* les *Canari-macaque,* le *Balata,* le *Mombin* et la *Carambole.*

Le *Coupi.* — L'arbre rappelle le touka. Cabosses guère moins grosses, et amandes guère inférieures comme goût.

Le *Sapotiller de Para* ou *sapotiller sauvage.* — Son fruit a l'aspect et le velouté de la pêche. La chair en est blanche et fade. Noyau trivalve.

Les *Pruniers, prunier coton, pruniers des anses* donnent des fruits fades, bien inférieurs aux prunes d'Europe.

Le *Conana sauvage* donne une espèce de coing.

Le *Jaune-d'œuf.* — Le fruit de cet arbre est une espèce de grosse prune dont l'aspect et le goût rappellent le jaune d'œuf.

Le *Courbaril.* — Sa gousse, grosse comme un boudin, renferme une amande appelée *Caca-chien,* qui fait les délices des enfants.

Le *Poirier sauvage* rappelle plutôt le néflier et son fruit la nèfle.

Le *Figuier.* — Fruit médiocre.

Le *Chaouari.* — Son fruit rappelle l'amande.

Le *Moucaya.* — Amande gélatineuse.

Le *Jaquier.* — Espèce d'arbre à pain, à fruits plus délicats.

Le *Cammouri.*

Produits forestiers alimentaires herbacés.

Principaux produits : *Ananas sauvage*, *marie-tambour*, *couzou*, *oyampis*.

L'*Ambrette* ou *Calalou sauvage* se mange en salade. Rafraîchissant.

La *Mignonnette*. — Salade acide qui rappelle l'oseille. Employée aussi en tisane.

La *Groseille*. — Inférieure à celle d'Europe.

Le *Batoto*. — Groseille du pays. Médiocre.

CHAPITRE II.

Produits forestiers oléagineux ligneux.

Produits principaux : *L'Aouara du pays*, le *Caümou*, le *Carapa*.

Le *Touka*. — Ses amandes donnent une excellente huile à manger. Cette huile est très-recherchée au Para.

Le *Conana*. — Son amande donne une huile supérieure pour la saponification. Comme toutes les huiles de palmier et plus encore que ses congénères, elle sèche rapidement et ferait merveille pour la peinture.

Le *Maripa*. — Outre son excellent chou comestible, fournit une bonne huile d'éclairage. C'est l'enveloppe de l'amande du maripa qui inspira, dit-on, à Humboldt, la réflexion bien connue sur la puissance de végétation dans la zone tropicale : « Dans « nos climats, les cucurbitacés seules produisent dans l'espace « de quelques mois des fruits d'un volume extraordinaire, mais « ces fruits sont pulpeux et succulents. Entre les Tropiques, « certains palmiers fournissent en moins de cinquante jours un « péricarpe dont la partie ligneuse a un demi-pouce d'épais- « seur et que l'on a de la peine à scier avec les instruments les « plus tranchants. Je ne vois rien de plus propre à faire admirer « la puissance des forces organiques dans la zone équinoxiale. » Le beurre de maripa, fait avec la pulpe du fruit, est des plus délicats, ce beurre est excellent dans la cuisine.

Le *Bâche* (ou *latanier*, à l'Amazone : *Miriti)* pris parfois, mais à tort, pour le palmier mauritius ou sagoutier d'Asie. Peuple les marais et les terres mouillées, sa graine est oléagineuse.

9

Le *Paripou*. — Graine oléagineuse.

Le *Pataoua*. — Un des plus gros palmiers. Donne une des meilleures huiles à manger.

Le *Pinot*. — Gracieux petit palmier à tige menue et élancée. Rappelle l'aréquier. Graines oléagineuses.

Le *Sampa*. — Petit palmier genre pinot. Graines oléagineuses.

Le *Pékéa* ou *Arbre à beurre*. — L'amande qui est excellente donne une huile recherchée pour la parfumerie. L'enveloppe de l'amande est une pulpe graisseuse rappelant le lard et dont on se sert pour la cuisine.

Le *Rondier*. — Fruit oléagineux.

Le *Tourlouri*.

Le *Moucaya*. — Gros palmier. L'enveloppe de son amande est extrêmement dure et rappelle celle du maripa. L'amande est dure, presque ligneuse, bleuâtre, et donne une huile à brûler qu'on emploie aussi dans la cuisine.

Le *Coupi*. — Son fruit donne une huile qui vaut celle d'amandes douces.

Le *Gayac*. — Dont la noix de tonkin « amande ornée d'un nom chinois qui en augmente le prix » donne une huile comestible excellente, qui est recherchée en Angleterre pour la parfumerie.

L'*Acajou-pomme*. — L'huile extraite de son amande rappelle celle d'amandes douces. Des loges du péricarpe on tire un caustique violent.

Le *Guingui-amadou* ou *muscadier à suif*. — Ses graines donnent une huile et une graisse précieuses pour la saponification.

Le *Savonnier*. — Ses graines donnent une huile à manger qui est excellente pour la saponification.

L'*Ungaravé*. — Palmier qui donne une bonne huile à manger.

Le *Zaguenette*. — Petit palmier de la grosseur de l'aouara. Amande oléagineuse.

Le *Macoupi*. — Palmier. Amande oléagineuse.

Produits forestiers oléagineux herbacés.

Principal produit : Le *Ouabé*.

La *Patalie amère* fournit une très-bonne huile d'éclairage.

La *Tapure*. — Excellente huile à brûler.

CHAPITRE III.

Produits forestiers médicinaux ligneux.

Produits principaux : Le *Copahu*, le *Sassafras,* le *Ricin*, le *Tamarinier*, le *Papayer*.

Le *Corosol sauvage*. — Fruits purgatifs.

L'*Aouara*. — Racine dépurative, employée en infusion contre les maladies vénériennes.

Le *Bois tisane*.

Le *Bois immortel (d'Immortelles ?)*. — Grand arbre dont l'écorce et les feuilles sont employés en infusion contre les maladies de poitrine.

Le *Bois à enivrer le poisson*. — Employé à la pêche. Son nom indique son usage.

Le *Counami*. — Grand arbre. Ses feuilles sont employées à enivrer le poisson.

Le *Nicou*. — Mêmes propriétés.

Le *Sinapou*. — Mêmes propriétés.

Le *Bois long*.

Le *Bois boulet de canon* ou *calebasse Colin*.

Le *Bois balle*. — Employé contre l'asthme. La racine du bois balle est un émétique violent.

Le *Mapa*. — Lait, gomme.

Le *Médecinier*. — Rafraîchissant.

L'*Arbre à suif* ou *ouarachi*.

L'*Ouyacou*.

Le *Sipanaou*.

Le *Simarouba*. — Ecorce et racine fébrifuges, purgatives et vomitives. Ecorce souveraine dans les flux dyssentériques. Très-commun.

Le *Balata rouge*. — Feuilles et racines.

Le *Génipa*. — Racines.

Le *Mirobolan*. — Fruit.

Le *Gayac*. — Ecorce et branches employées en tisane contre maladies vénériennes.

Le *Bois piquant*. — Succédané du quinquina.

Le *Coichi*. — Succédané du quinquina. Remplace le houblon dans la fabrication de la bière.

Le *Quassia amara*. — Succédané du quinquina, stomachique et fébrifuge.

L'*Ebène verte et la bignonia copaïa*. — Fleurs, écorce et feuilles purgatives et sénitives. Employées contre coqueluche.

L'*Ebène vert soufré*. — Sève employée contre l'hydropisie.

Le *Sablier*. — Graines purgatives et vomitives.

L'*Aracouchini*. — Son baume guérit la lèpre. Remplace avec avantage l'huile de foie de morue.

Le *Goyavier*. — Ecorce employée contre les maladies vénériennes et la diarrhée.

Le *Mélastome*. — Feuilles en infusion pour laver les ulcères.

Le *Palétuvier rouge*. — Son écorce est fébrifuge. Succédané du quinquina.

Le *Courbaril*. — Sa résine est employée contre les affections catarrhales.

Les *Maho*. — Leur sève et leurs feuilles en infusion sont employées contre la dyssentérie et les coliques.

Le *Quinquina*. — Louis XVI pensionna le médecin Leblond pour chercher le quinquina dans les forêts de la Guyane. Leblond le chercha toute sa vie sans le trouver. Il rencontra le chêne et le gland indices de la région tempérée où croît le quinquina sur le flanc des Cordillères. Simon Mentelle dans son voyage de l'Oyapock au Maroni trouva des succédanés, des plantes similaires, mais pas le quinquina. Auguste de Saint-Hilaire a rencontré cet arbre dans des régions du Brésil analogues à celles de la Guyane, à une très-petite élévation au-dessus du niveau de la mer. Adam de Bauve a rencontré le quinquina dans le haut de l'Hienouari.

Le *Ouapa*. — Huile excellente pour cicatriser les écorchures.

Le *Counguérécou*. — Aphrodisiaque. Guérit flueurs blanches.

Le *Carapa rouge*. — Ecorces pour pian rouge.

Le *Mombin*. — Ecorces pour hydropisie du genou.

Le *Coton rouge*. — Le jus des feuilles en injection guérit l'inflammation des amygdales.

Produits forestiers médicinaux herbacés.

Produits principaux : La *Salsepareille*, L'*Ipéca*.

La *Simili salsepareille*.

Le *Thé Guadeloupe*. — Pousse spontanément dans les bois. Feuilles, racines surtout, contre rémittentes bilieuses.

Le *Carmentin sauvage*. — Propriétés du carmentin franc. Thé excellent.

Le *Baume de savane* ou *Basilic du Para*. — Mal d'estomac.

Le *Batoto*. — Feuilles fébrifuges.

La *Canne-Congo*. — Suc et racines : dépuratifs. Infusion de feuilles : rafraîchissant.

Le *Conani franc*. — Liane à enivrer le poisson.

Le *Conani de Para*. — Rafraîchissant.

Le *Petit balai*. — Rafraîchissant.

L'*Herbe à échauffure (Salade soldat)*. Rafraîchissant.

Le *Grand Baume (Baume rouge)*. — Racine précieuse contre l'asthme.

Le *Raguet la fièvre*.

L'*Herbe aux brûlures.*

L'*Indigo sauvage.* — Bile, fièvre, inflammations.

Le *Pareira brava.* — Diurétique, foie, voies urinaires.

Le *Pois de 7 ans.* — Feuilles employées contre brûlures, plaies. Le jus des feuilles pressé sur une taie en formation la fait disparaître.

Le *Pois à gratter.*

Le *Calalou sauvage (Ambrette).* — Rafraichissant.

Le *Chiendent.*

Le *Raguet* (ou *azier*) *inflammation.* — Tisanne pour fortes fièvres.

La *Guimauve.*

Le *Coquelicot.* — Fleurs employées dans les maladies de poitrine.

Le *Bois chique.* — Dyssenterie.

Les *Orties.* — Feuilles employées contre hémorragie.

Le *Petit panacoco.* — Feuilles employées contre asthme.

La *Verveine.* — Purgatif.

La *Liane ail.* — Fébrifuge, douleurs.

La *Liane amère.* — Contre-poison.

La *Liane franche.* — En bains contre malingres.

La *Centaurée.* — Racines fébrifuges, vermifuges et stomachiques.

La *Potalie amère.* — Feuilles en infusion contre maladies vénériennes.

L'*Amourette.* — Feuilles purgatives.

Le *Basilic sauvage.* — Vulnéraire.

La *Cléorne.* — Peut remplacer les cantharides pour faire les vésicatoires.

Le *Millepertuis.* — Suc résineux purgatif et fébrifuge.

Le *Pied de poule.* — En décoction calme les convulsions.

La *Psichotre violette*. — Ecorce astringente.

La *Remire maritime*. — Diurétique et sudorifique.

La *Spermacoce*. — Employée contre maladies vénériennes.

La *Voyère bleue*. — Succédané de la gentiane.

Le *Guinguiamadou*. — Guérit esquinancies chancreuses.

La *Calebasse de terre*. — Liane courante. Gale.

Le *Carata*. — (Bois mèche).

Le *Montjoly*. — Guérit enflures, dissipe douleurs, fortifie les nerfs.

Un *Jonc de marécage* brûlé en poudre, guérit le chancre.

Le *Cocochat*. — Employé contre douleurs.

Le *Pourpier-roches*. — Arrête les pertes de sang chez les femmes.

La *Crête-de-coq*. — Mêmes propriétés.

La *Liane molle*. — Contre douleurs.

Le *Raquet mûlatresse*. — Maux vénériens. Urines sanguinolentes.

Malnommé rouge. — Mêmes propriétés.

Le *Gingembre*. — Mêmes propriétés.

Le *Bois savon*. — Mêmes propriétés.

Le *Peigne macaque*. — Ecorce contre douleurs rhumatismales.

Le *Gangouti*. — Racines employées contre le tétanos.

Le *Cotonnier*. — Racines.

La *Belle de nuit*. — Feuilles pour les entorses.

Les *Graines de tonnerre*. — Amande employée contre hémorroïdes.

Le *Manioc petit Louis*. — Feuilles contre-poison.

La *Poudre-aux-vers*. — Panari.

Le *Sureau*. — Fleurs contre érésipèle.

Les *Feuilles d'Argent*. — Abcès.

Le *Petit balisier des savanes*. — Fleurs pour taies, cataractes.

Le *Mavévé gaulettes*. — Pian rouge.

Le *Mavévé*. — Ressemble au café. Pian rouge.

La *Citronnelle*. — Pian rouge. (Feuilles).

Les *Pattes-d'araignée*. — Pian rouge.

Le *Baume céleste*. — Hydropisie du genou.

L'*Acaya*. — Feuilles pour maux d'oreilles.

Le *Raguet François*. — Maux de gorge.

Le *Petit jonc ciboulette*. — La petite noix qui est dans la terre employée contre hernies.

Le *Basilic de prairie*. — Fièvre jaune.

Les *Feuilles épaisses*. — Fièvre jaune.

Le *Ouadé-ouadé*. — Fièvre jaune.

Le *Petit baume blanc des savanes*. — Fièvre pernicieuse.

La *Raquette*. — Pleurésie.

La *Calebasse*. — Employée contre pleurésie.

Le *Pois d'Angole*. — Pleurésie. (Les feuilles).

La *Canne à sucre*. — Pleurésie.

Le *Jasmin*. — Pleurésie. On emploie les feuilles.

Le *Vulnéraire*. — Pleurésie. (Les feuilles).

L'*Herbe foin* ou *herbe blé*. — Pleurésie.

Les *Feuilles d'encens*. — Hydropisie.

Le *Cent-pieds*. — Foie.

Le *Croc de chien noir*. — Feuilles et racine, foie.

Le *Raguet la Rate* ou *raguet foie*.

L'*Envers rouge*. — Blessures, piqûre de serpent, crises.

Le *Capillaire*. — Phthisie.

La *Groseille*. — Feuille contre phthisie.

Le *Cacacabrit (Mignonne)*. — Phthisie.

La *Crête d'Inde*. — Phthisie.

CHAPITRE IV.

Produits forestiers résineux (gommes, résines, baumes), tous ligneux.

Principaux produits : Le *Caoutchouc*, le *Balata franc*.

Le *Coumaté* donne un vernis indélébile. Il sert à peindre en noir couis et voiles au pays portugais.

Le *Courbaril* donne une résine jaunâtre, transparente, difficile à dissoudre, analogue à la gomme copale. Sert à la préparation d'un vernis appelé ambre de Cayenne. Cette résine distillée peut donner de l'huile. Utilisée par les Indiens en torches et en huile à brûler.

Le *Mani*. — Sa résine, principalement celle des vieilles branches, est une espèce de brai employé par les Indiens à calfater les pirogues et à fixer le bois des flèches.

Le *Mapa* fournit par incision un suc laiteux analogue au caoutchouc. Au XVIIIe siècle on le confondait avec le fameux bois seringue.

Le *Ouapa*. — Huileux et résineux. Employé par les Indiens à faire des torches.

Le *Cèdre blanc et le cèdre gris* donnent un suc balsamique résineux, blanchâtre, qui jaunit en se desséchant. Sans incision il se dépose sur l'écorce ou même tombe au pied de l'arbre.

Le *Grignon* possède une gomme mordante dont on est obligé de se débarrasser en faisant tremper l'arbre dans l'eau, si on veut utiliser le bois.

Le *Bois rouge tisane* et le *bois rouge flambeau*. — Leur résine balsamique appelée baume houmiri est un vulnéraire qui peut être employé intérieurement comme le baume du Pérou. Remplace aussi la colophane.

Les *Fromagers* donnent par incision une gomme mordante.
Le *Thoa* donne une gomme transparente.

Le *Figuier indigène* donne une résine extensible analogue pour l'aspect à la gutta-percha.

Le *Mancenillier feuille laurier* donne par incision un suc laiteux analogue au caoutchouc.

L'*Arbre à pain*. — Son suc laiteux fournit une glu.

L'*Arbre à suif*. — Variété moins riche du guinguiamadou à suif. Les Indiens enfilaient les graines dans une baguette et en faisaient des chandelles qu'ils fichaient en terre.

Le *Copal*. — Entouré de feuilles de bananier donne une lumière magnifique sans aucune mauvaise odeur. C'était un des modes d'éclairage des Indiens.

L'*Acajou pomme* ou *acajou savane* fournit par incision une gomme à peu près analogue à la gomme arabique. Ce petit arbre est commun dans les savanes de la Guyane. Il pourrait être une source de richesses. En effet, il se fait tous les ans sur la côte de Guinée un commerce de plus de 20 millions de francs de gomme arabique.

Le *Yaya (arbre à la vache, palo de vaca)*. — On peut tirer une gomme de son lait qui est presque analogue à celui des animaux.

Le *Guinguiamadou à suif*. — Ses graines qui ne sont que cire fournissent par ébullition une cire végétale analogue à la cire des abeilles et dont les Indiens faisaient des chandelles. Ce cirier donne 25 kilogrammes de cire par an. Les bougies faites avec cette cire donnent une belle lumière et brûlent avec une odeur douce. Ces bougies sont d'une belle couleur jaune clair, elles sont supérieures au suif et ne sont guère inférieures aux bougies ordinaires. L'hectare pourrait nourrir 140 ciriers et produire 3,500 kilogrammes de cire.

Le *Palmier Carnaüba* détient à l'aisselle des feuilles une cire que l'on fait tomber en secouant l'arbre. Commun dans les savanes de Para.

L'*Acacia* donne par incision une gomme analogue à la colle des luthiers.

CHAPITRE V.

Produits forestiers aromatiques ligneux.

Principaux produits : L'*Arbre à l'encens* et le *bois de rose.*

Le *Gayac* donne la fève de Tonkin qui outre son huile comestible fournit une huile essentielle recherchée en Angleterre pour la parfumerie.

Le *Bois rouge.* — Ecorce aromatique.

Le *Bois gaulette.* — Ecorce aromatique.

Le *Frangipanier.* — Ecorce aromatique.

Le *Counguérécou.* — Ecorce aromatique.

Tous les succédanés du thé.

Toutes les épices.

Produits forestiers aromatiques herbacés.

Principaux produits : La *Vanille,* l'*Aloès.*

L'*Herbe camphre* fournit une espèce de camphre.

Le *Basilic sauvage* n'est pas rare dans les bois.

Le *Montjoly.*

Le *Grand baume.* — Parfum d'anis.

Le *Vetiver.* — Aromatique.

Les *Quatre-épices.* — Atteint parfois les dimensions et affecte les caractères d'un arbuste.

Le *Calalou diable.* — Parfum du musc.

Tous les succédanés du thé.

Toutes les épices.

CHAPITRE VI.

Produits forestiers teintoriaux ligueux.

PRODUIT PRINCIPAL : Le *Génipa*.

Le *Bois de campêche* se trouve dans les hautes terres.

La *Bignone écarlate*. — Ses feuilles donnent une teinture carmin.

Le *Bois violet* donne une couleur pourpre.

Le *Mencoar*. — Ses copeaux bouillis donnent un teinture noire.

Le *Simira*. — Son écorce donne une teinture rouge vif.

Le *Bois rouge flambeau*. — Sa graine teint en rouge.

Le *Panapy*. — Pourpre.

Le *Tariri*.

Produits forestiers tinctoriaux herbacés.

PRODUIT PRINCIPAL : L'*Indigo sauvage*.

Le *Lucée (Sumac)*. — Ses feuilles et ses graines donnent une teinture noire.

La *Beslère*. — Racine et fruits teignent en violet.

Le *Balourou*. — Sa graine teint en pourpre.

Tannerie.

PRINCIPAL PRODUIT : L'*Écorce des palétuviers*.

Le *Mora*. — Son cœur vaut le chêne pour la tannerie.

Le *Goyavier sauvage* ne donne pas de fruits mais son écorce est riche en tannin.

Le *Grignon*.

Il se trouve dans les savanes un arbre dont l'aspect est celui du *pommier* et qui passe pour être extrêmement riche en tannin.

CHAPITRE VII.

Produits forestiers textiles, ligneux.

Produits principaux : *Palmiers, Mahos, Fromagers, Aloès.*

Les *Arbres à pain* devenus assez communs dans les terres de la côte depuis qu'ils ont été acclimatés. Leur écorce est textile.

Le *Piaçaba.* — Grand arbre utilisé comme textile au Para. On se sert de ses racines tressées pour faire des cordes à amarrer les navires.

Le *Bois macaque.* — Son écorce fournit un beau papier de luxe. Les Indiens feuillettent cette écorce et avec les minces membranes qu'ils détachent enveloppent les feuilles de tabac qu'ils roulent en cigares. Les Tapouyas pratiquent encore cet usage.

L'*Oulemary (Couroumary ?)* — Son écorce sert absolument aux mêmes usages que celle du bois macaque.

Le *Kéréré* et la *Bignone écarlate.* — Fibres textiles dont on fait des paniers, des chapeaux et des cordes.

Les *Canari-macaque.* — L'écorce des deux couratari qui produisent le canari-macaque se détache en épaisses lanières employées actuellement à divers usages, mais principalement à faire des paniers.

Le *Bambousier* donne un papier de luxe, aussi beau que celui de Chine.

L'*Ita.* — Palmier, ses fibres donnent un fil fin.

Le *Chiqui-chiqui.* — Palmier dont on fait des cordages plus légers que l'eau, extrêmement solides et ne pourrissant pas.

10

Produits forestiers textiles herbacés.

Produits principaux : *Balourou, Balisier, Arrouma, Moucoumoucou, Pile.*

La *Ramie*. — Une variété sauvage existe dans les terres basses et marécageuses.

L'*Ananas sauvage*. — Assez commun dans la forêt. Fibres textiles.

Les *Agaves, Agave du Mexique, Vivipara*. — Excellents textiles.

Le *Curatelle* ou *Feuille à polir*. — Ses fibres sont textiles. De plus ses feuilles, grosses et rugueuses, sont employées à polir le bois.

Le *Bananier-corde*. — Fibres textiles très-recherchées.

Les *Lianes*. — Extrêmement nombreuses dans les forêts de la contrée, peuvent toutes être utilisées comme textiles ou dans la sparterie. Elles remplacent l'osier avec avantage. Leur tronc coupé, les lianes séparées du sol vivent, comme on sait, des gaz aériens.

Liane franche. — La meilleure des lianes. Dure plus longtemps, disent les vieux ouvrages, que le clou qui l'attache. Donne les meilleures cordes.

Liane punaise. — La plus longue de toutes, a jusqu'à vingt mètres entre deux nœuds et son développement total atteint plusieurs centaines de mètres. Elle grimpe au sommet des plus grands arbres, les enserrant comme un serpent, les étouffant sous sa végétation parasite jusqu'au moment où l'arbre, mort et pourri, craque et tombe.

Liane rouge (liane à eau, liane du chasseur) donne, quand on la coupe, une eau pure fort abondante, après macération, fournit d'excellentes cordes.

Liane carrée. — Après macération se partage en quatre parties que l'on tresse en grosses cordes.

Liane crape. — Grosse comme une ficelle.

Liane à cœur.
Liane mousse.
Liane Notre-Dame.
Liane guélingué.
Liane blanche.
Liane panier.
Liane seguine.
Liane plate.
Liane singe-rouge.
Liane ail.
Liane serpent.
Liane cent-pieds.

II. -- LES BOIS.

BOIS PRÉCIEUX.

CHAPITRE II.

Bois précieux de couleur.

Les *Satinés (4 variétés)*. — Les premiers bois de couleur.

Satiné rubané. — A fond bleu et luisant, rubané de rouge et jaune.

Satiné marbré (bois de Férolles): du nom d'un Gouverneur de la Guyane française qui, à la fin du dix-septième siècle, le découvrit dans sa propriété. A fond blanc parsemé de taches rouges et jaunes.

Satiné rouge. — A fond rouge veiné de jaune. Grand arbre touffu du plus magnifique aspect. Pesanteur d'un décimètre cube de bois sec : 0,877. Force de résistance : 275 kilogrammes.

Satiné gamet. — P. 0,849. F. 230.

Les *Lettres (3 variétés)*. — P. 1,049. F. 340.

Lettre moucheté. — Le plus précieux des trois. A fond rougeâtre ou jaunâtre. Le cœur dur et luisant est moucheté de noir.

Lettre marbré.

Lettre à grandes feuilles (Bourracourra).

Les *Ebènes (5 variétés)* abondent dans les terres de moyenne altitude. P. 1,211.

Ebène rouge.

Ebène vert souffré appelée *taigu* au Paraguay où elle abonde.

Le *Kéréré.*

La *Bignone écarlate.*

La *Bignonia copaïa.*

Les ébènes vertes (3 variétés) sont de qualité inférieure. On ne les classe pas parmi les bois de couleur.

Le *Panacoco*. — P. 1,181. F. 400. Les uns voient dans cet arbre une espèce d'ébène noire, les autres une espèce de bois de fer. Cet arbre magnifique est un des plus précieux de la contrée. Il est extrêmement dur et l'aubier en est aussi résistant que le cœur. Il émousse l'acier de la hache. Cette qualité jointe à celle de son incorruptibilité le ferait, grâce aux énormes dimensions qu'il affecte, rechercher pour la construction navale si on pouvait trouver moyen de le livrer à bas prix.

Le *Moutouchi*. — Jaunâtre et veiné de noir. Grandes dimensions comme le panacoco. Son écorce est rétractile, on en fait des bouchons qui valent presque ceux de liège.

Le *Hêtre*. — Grand arbre à bois rougeâtre qui ressemble au hêtre d'Europe.

Le *Bois serpent*. — A fond rougeâtre veiné de noir.

Le *Bagot*. — P. 0,875. F. 255.

Le *Boco*. — P. 1,208. F. 402.

Le *Maria congo*.

Bois précieux odorants.

Le *Rose femelle*. — On le confond souvent avec le sassafras. Renferme une odeur à peu près semblable à l'essence de rose et qu'on obtient par distillation. Les meubles de rose femelle conservent pendant fort longtemps le parfum primitif qu'ils communiquent au linge.

Le *Rose mâle*. — P. 1,108. F. 361. Son parfum est beaucoup moins pénétrant que celui du rose femelle. Le rose mâle est un grand arbre de construction navale et de charpente, fournissant des pièces de 20 mètres de longueur sur 1^{m}50 de diamètre.

Le *Bois tapiré*. — Sec, répand une odeur suave rappelant celle du rose femelle. Il est de couleur rouge-jonquille et cette couleur persiste assez longtemps.

Le *Conanarout*. — Odeur de noyau.

Le *Coumarouna*.
Le *Courimari*.
Le *Tarala*.
Le *Cèdre jaune*.

BOIS DE CONSTRUCTION NAVALE.

1re QUALITÉ.

2e QUALITÉ.

CHAPITRE II.

Bois de construction navale de 1re qualité.

L'*Angélique*. P. 0,746. F. 215.

L'Angélique est un grand arbre dans le tronc duquel les Indiens creusaient de préférence leurs canots. On l'utilise aujourd'hui pour la construction navale en quilles et en bordages, usages pour lesquels il est de beaucoup supérieur au chêne. On l'emploie aussi dans la charpente. Son bois grisâtre et filandreux ressemble au ouacapou.

Les *Balatas* (3 variétés).

Balata rouge ou *Balata de montagne*. P. 1,109. F. 353. Est le premier des trois balatas. Il a la tige droite et lisse jusqu'à 15 à 20 mètres de la terre, lés branches ne poussant qu'à cette hauteur. La couleur rougeâtre du bois devient grisâtre à la longue. S'équarrit aisément. Les termites ne l'attaquent jamais. Employé à couvert dans la construction des maisons est d'une durée incalculable. Dans la terre et dans l'eau résiste fort longtemps. Toutes ces qualités en font un des premiers bois pour la construction navale. La finesse de son grain le fait rechercher pour les machines. On l'utilise aussi dans la charpente. On le rencontre principalement dans les terres hautes, sur le bord des criques.

Balata blanc ou *à gutta-percha*. P. 0,972. F. 247. Utilisé aussi dans la charpente et la contruction navale ; sa couleur d'abord rougeâtre pâlit à la longue. Inattaquable par les termites.

Balata indien ou *à grosse écorce*. Plus gros et plus haut que le balata blanc et le balata rouge. Bien qu'il soit un peu noueux et plein de sève, on l'utilise aussi dans la construction navale.

Le *Bois de fer*. P. 0,893. F. 382. Couleur brun sombre. Inattaquable par les termites. Emousse l'acier. Très-recherché aussi pour les machines.

Le *Bois de Sainte-Lucie*. Grand arbre rare mais précieux, pouvant être employé aussi bien dans l'ébénisterie que dans la construction navale.

Les *Cèdres (7 variétés)*. Les cèdres sont fort communs. Ce sont de très-grands arbres, tous utilisables dans la construction navale. Poussent de la côte aux montagnes.

Cèdre noir. Le plus précieux des sept. Habite les hautes terres. Sa couleur brune n'est pas persistante. P. 1,648. F. 159.

Cèdre jaune. Qualités supérieures de durée et de résistance. P. 0,489. F. 224. Contruction navale, mâture, bordages et aussi charpente.

Cèdre gris. P. 0,489.

Cèdre blanc. P. 0,381. F. 62.

Cèdre bagasse. P. 0,842. F. 226.

Cèdre franc. P. 0,510.

Cèdre rouge.

Le *Cœur-dehors*. P. 0,991. F. 283. Ainsi nommé parce qu'il n'a presque pas d'aubier. Fibres très-serrées et nullement poreuses. Ce bois se conserve très-longtemps dans la terre et dans l'eau, ce qui le fait rechercher pour la construction navale. Charronnage.

Les *Ebènes vertes (Green heart)*, 3 *variétés*. P. 1,211. F. 481. En même temps qu'elles sont recherchées pour la construction navale (principalement par les Anglais qui les mettent au-dessus de toutes les autres ébènes), les ébènes vertes, incorruptibles, extrêment résistantes, sont prisées pour les traverses de chemin de fer et pour les machines.

Ebène vert-vert.

Ebène vert-gris.

Ebène vert-noir.

Le *Gayac*. P. 1,153. F. 385. Arbre gigantesque aux racines menues et jaunâtres, sortant de terre. A cause de sa durée et de sa résistance, le gayac s'emploie aussi bien pour les machines que pour la construction navale.

Le *Grignon franc*. P. 0,714. F. 172. Un des ornements des forêts de la contrée par sa taille et ses branchages. Très-répandu de la côte aux montagnes. Son bois très-doux se travaille aisément et les termites ne l'attaquent jamais. L'ébénisterie le dispute à la construction navale. Planches ayant jusqu'à deux mètres de largeur.

Le *Manguier*. P. 0,647. F. 120. L'arbre qui produit la mangue, ce fruit exquis, l'un des meilleur de la région tropicale, peut rivaliser par ses dimensions colossales avec tous les géants de la forêt. Ressemble au noyer. Aussi propre à l'ébénisterie qu'à la construction navale.

Le *Mora*. Un des rois de la forêt. Fournit des billes de 50 mètres de largeur sur 2 mètres de côté. Hautes terres.

Le *Moureiller*. Emule du mora. A plus de 30 mètres de tronc.

Le *Mouriri*. Grand arbre fort commun dans les moyens bassins des rivières. Très-droit, très-haut.

Le *Ouacapou*. P. 0,900. F. 304. Bois incorruptible, inattaquable par les insectes. Aussi précieux pour la construction civile que pour la construction navale.

L'*Ourate*. Les branches ne poussent quelquefois qu'à 15 mètres de terre. Le tronc est droit et lisse. Bois blanc léger. Mâture. Recherché aussi pour la charpente.

Le *Parcouri*. P. 0,784. F. 177. Un des plus grands arbres de la contrée. On l'utilisa longtemps en parquets.

Le *Saint-Martin*. P. 0,912. F. 229. Bois colossal de couleur rougeâtre. Facile à travailler. Donne communément des billes de 2 mètres de côté sur 30 de long. Construction navale et traverses de chemin de fer.

Le *Sassafras*. P. 0,579. F. 156. Variété de rose femelle. Des plus recherchés pour la construction navale.

Le *Sipanaou* (ou *Préfontaine*, du nom du découvreur qui le rencontra à Approuague où il est toujours abondant). P. 0,827. F. 207. — Construction navale et ébénisterie.

Le *Taoub*. P. 0,850. — Le roi de la forêt. Dimensions colossales.

Bois de construction navale de 2° qualité.

Les *Bagasses* (2 *variétés*). — Les bagasses sont au nombre des arbres et les plus hauts, les plus touffus du pays. Ils peuplent le bassin de l'Oyapock où ils vivent presque en famille. P. 0,745. F. 215. Les deux bagasses donnent communément des billes de 30 mètres de longueur sur 2 mètres d'équarrissage.

Bagasse des montagnes. — Lourd, facile à travailler, mais de peu de durée.

Bagasse des marais. — Plus léger, bien plus difficile à travailler, mais dure plus longtemps.

Le *Bois balle*. — Ainsi nommé de son fruit qui ressemble à un petit boulet.

Le *Bois cannelle*.

Le *Bois capucin (signor)*. — Ressemble au balata, d'un grain aussi fin. Commun de l'Oyapock à l'Amazone.

Le *Bois duc*. — Grand arbre recherché pour les bordages.

Le *Bois gaulette*. — Le bois avec les jeunes branches et les jeunes tiges duquel on fait les gaulettes est un très-grand arbre quand il a atteint son développement complet. P. 1,196. F. 303.

Le *Bois macaque (quatélé, lococo, zabucajo)*. — P. 0,325. Grand arbre dont les singes préfèrent le fruit à tout autre. Bois léger.

Les *Bois rouges*. 2 *variétés*.

Bois rouge flambeau. — Son nom lui vient de ce que son écorce qui contient une huile grasse est employée comme torche par les Indiens et les créoles des quartiers. Il atteint 20 mètres de hauteur sur 1 mètre d'équarrissage. Le cœur devient grisâtre de rouge qu'il était d'abord, à l'inverse de l'écorce qui primitivement grise devient rouge par la suite. P. 0,784, F. 355.

Bois rouge tisane. — Similaire.

Le *Bois violet*. — P. 0,721. F. 231. Grand arbre qui croît sur les bords des marécages, monté sur de puissants arcabas. Sa couleur violet clair se ternit rapidement. Ebénisterie, charpente, aussi bien que construction navale.

Le *Contacitrain (fente dure)*. — Grand arbre dont le bois est très-lié et difficile à fendre. On le recherche aussi pour la construction civile.

Le *Couaïe*. — Grand arbre, bois fort dur, mâture. P. 0,800.

Les *Couipo* (2 variétés) *rouge* et *blanc*. — On les appelle aussi *Cœur-de-roches* parce qu'on a prétendu qu'ils avaient le cœur rempli de petites pierres. Ils ont le grain du courbaril. Le rouge est le plus lourd et le plus résistant des deux. Mâture, bordages.

Le *Coumarou (Coumarouna)*. — Grand et bel arbre au cœur dur, serré, pesant.

Le *Coupaya*, P. 0,374. F. 83. — Ressemble beaucoup au simarouba duquel on ne le distingue que par les racines, celles du simarouba sont jaunes et compactes, celles du coupaya sont brunes et filandreuses. Utilisé dans la construction navale et la charpente.

Les *Coupi* (2 variétés), P. 0,881. F. 216.

Le *Coupi franc* et le *Coupi noir* sont de grands arbres, droits, au bois lourd. Leurs branches fournissent des courbes, des étraves.

Le *Courbaril*, P. 0,904. F. 333. — Un des géants de la forêt. Bois dur incorruptible, d'un beau poli.

Le *Courimari*. — Grand arbre monté sur des arcabas gigantesques dont on tire des meubles.

Les *Fromagers* (2 variétés) : *A tige lisse, à tige épineuse.* —

Les épines de ce dernier ne tiennent d'ailleurs qu'à l'écorce. Au nombre des meilleurs bois pour la construction navale.

Le *Génipa*, P. 0,421. — Très-élevé, très-gros, très-droit.

Le *Lamincouard*. — Bois dur, incorruptible.

Le *Langoussi*. P. 0,900.

Les *Grands maho* (5 variétés).

Le *Maho taoub*. — Le plus grand des mahos, ressemble au taoub. Pièces de 25 mètres de long sur 2 mètres d'équarrissage.

Maho noir, P. 1,106. F. 275.

Maho rouge, P. 0,926. F. 262.

Maho de marécage.

Maho Couratari, P. 1,091, F. 249.

Le *Mani*, P. 0,714, F. 174. Mâture.

Le *Mélastome*. — Grand arbre monté sur des arcabas.

Les *Ouaïe* (2 variétés), le *rouge*, le *blanc*. — Le premier poussant sur les hauteurs et qui est supérieur, le second poussant dans les plaines et les pripris. Bois très-résistant.

Les *Ouapa* (2 variétés), P. 0,930, F. 224.

Ouapa blanc ou *Bois sabre*.

Ouapa violet. — Bois lourds, incorruptible.

Le *Pékéa*. — Tige de 40 mètres, droite et effilée.

Le *Petite feuille*. — Grand arbre au tronc droit et lisse.

Le *Chaouari*. — Espèce de pékéa.

BOIS COMMUNS.

CHAPITRE Iᵉʳ.

BOIS COMMUNS.

L'Acacia. — N'atteint pas une grande hauteur. Bois fort prisé en ébénisterie.

Les *Acajous (8 variétés)*. — Bois très-communs dans la forêt. On les emploie dans le pays aux usages les plus vulgaires. Aux placers de la Guyane française on en fait les portes des carbets, des dalles, des manches d'outils. Ce sont d'excellents bois d'ébénisterie.

Les *Acajous à planches*. — P. 0,577. Fournissent des billes de 10 mètres de longueur sur 0ᵐ50 de côté. On en fait principalement des meubles, car leur grain est fin, leurs fibres sont serrées, le bois a un poli et luisant et une odeur douce et agréable. On connaît 4 variétés d'acajous à planches :

1. *L'Acajou à planches rouge.*

2. *L'Acajou à planches marbré.*

3. *L'Acajou à planches jaune.*

4. *L'Acajou à planches blanc.*

5. *L'Acajou à pommes* ou *Acajou savane*. — Est tortueux, peu élevé, mas fort commun dans les savanes, son bois est utilisé en ébénisterie.

6. *L'Acajou pâle.*

7. *L'Acajou rouge.*

8. *L'Acajou de Sénégambie*. — Aujourd'hui parfaitement acclimaté. Est fort répandu.

L'Amaranthe.

L'Arbre de Saint-Jean ou *Bois blanc*. — Grand arbre de belle venue au tronc blanc et lisse avec une seule touffe de feuilles au sommet. Bois léger, facile à travailler.

Le *Bambou*. — Bien qu'il n'atteigne pas les dimensions colossales qu'il affecte aux Indes et aux Antilles, il peut être utilisé en ustensiles divers.

Le *Cambrouze*. — Est une variété de bambou. C'est le bambou des côtes ; le vrai bambou pousse le long des rivières.

Le *Bois agouti*. — Ainsi nommé de l'animal qui recherche particulièrement sa graine, espèce de noisette. C'est un grand arbre mal fait dont le bois qui se conserve longtemps est employé en meubles, machines, etc.

Le *Bois Benoît fin*. — Jaunâtre et veiné de rouge. Couleur peu persistante. Ebénisterie.

Le *Bois caca*. — Espèce de copahu. Doit son nom à l'odeur désagréable qu'il exhale quand on le coupe. Le bois, une fois bien sec, l'odeur disparaît, mais elle revient par les temps humides.

Le *Bois Crabe* a l'odeur de la cannelle et de la giroflée. Petit arbre. Ebénisterie.

Le *Bois di vin* (couleur de vin). — Couleur lie de vin, qui s'efface. Ebénisterie, charronnage, charpente. P. 1,140. F. 288.

Le *Bois lézard* ou *la Morue*. — Charpente, charronnage.

Le *Bois Lemoine*. — Semblable au bois lézard, mêmes usages.

Le *Bois moussé*. — Grand arbre de belle venue, au tronc lisse et droit. Bois mou et léger et pourtant de grande durée. Charpente.

Le *Bois noir*. P. 0,839. F. 159. — Imite le bois de couleur.

Le *Bois pagaye*. P. 0,800. F. 237. — C'est ce bois qu'on emploie d'ordinaire pour fabriquer les pagayes. Ressemble au bois macaque et au courimari. Arcabas extrêmement sonores. Frappés avec un bois dur produisent un son extraordinaire, s'entendant à 20 kilomètres comme un coup de canon.

Le *Bois puant* ressemble au bois caca, mêmes usages.

Le *Bois sucré*. P. 0,565. F. 169. — Charpente.

Le *Bourgoumi*.

Le *Counguérécou*.

Les *Couratari* (5 *variétés*). P. 1,003. F. 329. — Deux couratari donnent des amandes douces et trois des amandes amères. Les deux espèces qui donnent des amandes comestibles sont appelées canaris macaques, du nom de leur fruit de forme singulière, ressemblant à une marmite qui serait surmontée d'un couvercle adhérent par une charnière naturelle. Cette marmite renferme, soit des amandes, soit une sorte de confiture fort prisée des singes. Les cinq variétés de couratari sont utilisées dans la charpente.

Les *Carapa* (2 *variétés*). — Charpente, ébénisterie.

Carapa rouge. P. 0,659. F. 171.

Carapa blanc.

Le *Copahu*. — Bon bois de charpente.

Le *Cerisier* n'atteint pas les grandes proportions qu'affecte parfois le cerisier d'Europe. Ebénisterie.

Le *Chaouari*. P. 0,820. F. 211. — Charronnage.

Le *Citronnier*. — Il en existe plusieurs variétés à l'état sauvage. C'est un bois odorant, très-dur, susceptible d'un poli magnifique. Ebénisterie.

Le *Conanarout*.

Le *Gagou*. — Grand arbre dans le genre du grinon mais plus difficile à travailler. Son bois est de couleur grisâtre. On le met quelquefois dans la famille des cèdres.

Les *Grignons fous* (3 *variétés*). — Charpente, meubles.

Grignon fou (ouache-ouache). P. 0,560.

Grignon fou franc. P. 0,677. F. 146.

Grignon fou rouge. P. 0,421. F. 116.

Les *Guinguiamadou* (2 *variétés*).

Guinguiamadou à gros fruits (muscadier sauvage). — Charpente. P. 0,364. F. 73.

Guinguiamadou à suif.

L'*Ivoire végétal.* — L'arbre dont la graine est appelée ivoire végétal ou noix de corozo, est un palmier, espèce de bâche ou de tourloury, appelé au Brésil où il est commun cabeza de negro. Employé dans la bimbeloterie pour la confection des ouvrages pour lesquels on emploie les os d'animaux. Approuague et Oyapock.

Le *Jacquier.* — Variété d'arbre à pain.

Arbre à pain (2 variétés).

Arbre à pain igname.

Arbre à pain à graines. — Ebénisterie, charpente.

Le *Jaune d'œuf.* P. 0,946. F. 267. — Ainsi nommé de son fruit qui rappelle le jaune d'œuf. Planches, charpente.

L'*Immortelles.* P. 0,317. F. 32. — Planches.

Le *Petit maho.* — Ebénisterie.

Le *Manabo.* — Bois léger, facile à travailler, planches.

Les *Mapa (2 variétés).* P. 0,528. F. 159.

Mapa blanc.

Mapa rouge.

Rappellent les caoutchoutiers. Tronc lisse et dépourvu de branches. Planche, charpente.

Le *Mancoar.* P. 0,957. F. 283. — Menuiserie et charpente. Grand arbre dont le bois passe pour incorruptible dans la terre comme dans l'eau.

Le *Mirobolan.* — Grand arbre, charpente.

Le *Mombin.* — L'écorce a des nodosités dont on fait des poulies. Ces nodosités sont utilisables en bimbeloterie.

Le *Nattier.* — Ses petites branches fendues en quatre donnent le bois dont on fait les nattes.

L'*Oranger.* — Nombreuses variétés. Bois très-dur similaire du buis. Ebénisterie.

Le *Ouacapou quitain*. — P. 0,991. Ressemble plus aux ouapa qu'au ouacapou. N'est pas toujours droit, souvent creux. Charpente.

L'*Oulemary*. — Grand arbre à l'écorce épaisse brune et feuilletée, planches.

Les *Palétuviers (5 variétés)*. — Les palétuviers sont très-communs sur la côte de la Guyane où ils forment comme un épais rideau littoral. Ils ne sont pas rares non plus dans le Grand Bois le long des rivières et dans les endroits humides. Construction civile, planches, charpente, mâture. Les palétuviers sont en outre les meilleurs des bois de chauffage.

Palétuvier rouge. — P. 1,017. F. 297. Côte.

Palétuvier blanc. — P. 0,768. F. 146. Côte.

Palétuvier soldat. — Côte.

Palétuvier montagne. — Intérieur.

Palétuvier grand bois (manglier). — Intérieur.

Le *Palmiste*. — Le plus grand des palmiers de la Guyane. Orne une des places publiques de Cayenne. Lattes et piquets de cases.

Le *Pinot*. — Ce palmier est employé aussi dans la construction des cases.

Le *Sampa*. — Palmier ayant les mêmes usages que le Pinot.

Le *Rondier*. — Palmier qui rappelle le moucaya. On en fait des piliers de pont. Incorruptibles dans l'eau. Le piliers des ponts du fleuve Sénégal sont généralement en rondier.

Le *Pataoua*. — A eu son moment de vogue. On le débitait en petites planches ou lattes pour l'ébénisterie parisienne qui en faisait des parquets et des ouvrages de marqueterie.

Le *Sablier*. — Dont le fruit une fois sec éclate à une forte chaleur. Charpente.

Le *Simarouba*. — P. 0,403. F. 96. Charpente.

Le *Simira*. — Charpente.

Le *Tamarinier*. — Ebénisterie, charpente.

Le *Tarala*.

Le *Tourloury*.

L'*Yrtelle*. — Ressemble au manabo. Mêmes usages.

III. — LES PRODUITS AGRICOLES.

1. — ALIMENTAIRES.
2. — OLÉAGINEUX.
3. — MÉDICINAUX.
4. — RÉSINEUX.
5. — AROMATIQUE.
6. — TINCTORIAUX.
7. — TEXTILE.
8. — CAFÉ, CACAO, TABAC, ÉPICE, CANNE A SUCRE.

1. — Produits agricoles alimentaires.

Les produits principaux sont : *Blé* et *Vigne* (rares), *Maïs, Mil, Manioc, Ignames* et *Patates, Tayove, Bananier, Riz, Sagoutier, Arbre à pain*.

Les produits secondaires sont : Les légumes et les fruits.

Les *Haricots* sont représentés par plusieurs variétés et, bien qu'exotiques, réussissent mieux que dans leur pays d'origine. Ils remplissent moins bien la cosse, mais se développent plus vigoureusement. Au Brésil, les haricots rouges et blancs constituent la base de l'alimentation et sont le plat national *(os feijoes)*. On distingue dans la Guyane française les *pois de sept ans* qui ne demandant pas sept ans, mais moins de deux ans pour porter des fruits. Le pied devient ligneux et rappelle les lianes. Le *pois chique* est bon au bout de deux mois. Les *haricots verts* portent des fruits au bout de quinze jours, leur cosse est longue de 10 centimètres. Les *pois d'Angole* ne donnent leur fruit qu'au bout de six mois.

Les *Epinards* rappellent ceux de France.

Le *Calalou*. — Grand arbuste de deux mètres, dont le fruit en forme de capsule de pavot est fort rafraîchissant. Les créoles le mettent à toutes les sauces. Il constitue la base de leur plat national : le calalou.

La *Marie-Jeanne (aubergine)*. — Gros fruit noir en forme de poire pendant au pied d'un petit arbrisseau.

Toutes les *salades* sont acclimatées, même la salade des champs (salade soldat), dont plusieurs variétés sont indigènes. Le *pourpier* est abondant.

Choux, Raves, Navets, Ciboule, Persil sont naturalisés et produisent en abondance. La culture maraîchère serait la source d'importants revenus.

Les *Concombres.* — Dont quelques-unes affectent des dimenssions énormes. Les *giraumonts, potirons, citrouilles, courges* atteignent des proportions colossales.

Les *melons* ne sont aucunement inférieurs à ceux d'Europe, pas plus que les pastèques ou melon d'eau. Un exemple frappant de ce que fait de la Guyane française le manque de communications : Kourou est à 44 kilomètres de Cayenne. Le même melon qui se vend 75 centimes à Kourou se vend 10 à Cayenne.

On connaît plusieurs variétés de *piments :* le piment *bouc,* le plus fort de tous, les *piments cerises, café, cacarat, poivron, dur, doux.* C'est avec les plus forts de ces piments que les Anglais font leur poivre de Cayenne.

Les *Artichauts* qui ne donnent que des feuilles dans les terres basses réussiraient peut-être dans les hautes.

On croit généralement la région tropicale plus riche en *fruits* que la région tempérée, c'est une erreur. Pour être bons, les fruits demandent une longue culture qu'ils n'ont pas encore reçue dans les régions torrides. La Guyane française ne possède guère qu'une douzaine de fruits aussi bons que ceux d'Europe, les autres sont bien inférieurs.

La *Mangue* avec ses 25 ou 30 variétés, quelques-unes bien médiocres, d'autres véritablement exquises.

La *Sapotille* qui rappelle un peu la pêche.

L'*Ananas* dont l'éloge n'est plus à faire.

L'*Avocat* dont la variété jaune est peut-être le meilleur fruit de la contrée. Ses chairs fondantes rappellent à la fois le sorbet et l'amande verte. La variété rouge est inférieure.

La *Barbadine* qui vient grosse comme un melon. C'est la variété cultivée de la marie-tambour et du couzou. Noyau granulé verdâtre. Dans le vin remplace la fraise. On fait avec la pulpe de la barbadine d'excellentes confitures.

La *Pomme cannelle* dont la chair adhérente aux noyaux intérieurs est vraiment délicieuse.

Le *Corossol.* — Son fruit rappelle la pomme cannelle.

La *Pomme cythère.* — Fort agréable au goût. Outre ses propriétés toniques, parfume la bouche et fortifie les gencives.

Les *Oranges* comptent plusieurs variétés généralement médiocres, mais quelques-unes valent les oranges de Portugal et d'Algérie. On ne soigne pas assez les orangers.

Les *Cerises* comptent une quinzaine de variétés. Le noyau trilobé est de consistance de liège. Inférieures à celles d'Europe. On en fait d'assez bonnes confitures.

L'*Abricot du pays,* beaucoup plus gros que celui d'Europe, mais de qualité inférieure. Lui ressemblant d'ailleurs fort peu.

Les *Goyaves.* — Quelques variétés sont âcres quand elles sont vertes et pleines de vers quand elles sont mûres. Cela provient surtout de manque de culture. Toutes les goyaves font de bonnes confitures.

Les *Prunes coton* et les *prunes des anses.* — Fort médiocres.

Le *Mombin.* — Les prunes du mombin sont les meilleures de la contrée.

La *Pomme rosat,* jolie, parfumée, doit son nom à son odeur de rose. Peu de saveur. La *pomme rosat blanche* est beaucoup plus savoureuse.

Les *Citrons* extrêmement communs. On en fait des conserves recherchées aux Etats-Unis. On exporte surtout les fruits.

Les *Limons.*

Les *Letchis* ne sont pas rares.

Les *Mangoustans.* — Jardin de Baduel. Sont de mauvaise qualité.

Le *Caïmite.* — Grand arbre dont le fruit a la forme et la grosseur d'une orange, mais au goût beaucoup plus fade.

Le *Poirier* porte un fruit rappelant plutôt les nèfles.

Le *Grenadier* acclimaté, mais rare.

Le *Figuier* prospère, mais peu répandu.

Les *Pistaches (arachides)* communes.

L'*Oseille de Guinée*. — On en fait des confitures, des sirops.

On tire des liqueurs, des vins et alcools, de l'igname, de la patate, des bananes, du corossol, de l'ananas (son vin est excellent), de l'orange, du citron, de l'acajou. Avec la pomme d'acajou on fabrique au Brésil un vin qui rappelle l'Alicante, et qui ne lui est pas inférieur, assurent les Brésiliens. L'alcool tiré de la pomme d'acajou est de bonne qualité. L'amande de l'acajou-pomme, cette amande dont l'enveloppe fournit par la pression un caustique si violent, n'est pas inférieure à celle de Provence. L'industrie des vins créoles est complètement délaissée.

Il en est de même de la fabrication des *limonades* que l'on tirait de la plupart des fruits de la contrée.

On voit qu'avec toutes ces ressources il sera difficile au colon d'éprouver jamais la famine pour peu qu'il se livre au travail. Mais une fois qu'il aura réuni dans quelques hectares de terres transformées en jardins potagers et en vergers les plantes alimentaires et les arbres fruitiers de la contrée, le colon, s'il n'est pas complètement absorbé par l'industrie forestière ou l'industrie pastorale, devra se livrer aux cultures qui l'enrichiront. Il déterminera son choix d'après les bras et les capitaux dont il pourra disposer.

2. — Produits agricoles oléagineux.

Produits principaux : *Cocotier, Aouara pays nègre, Aréquier, Noyer de Bancoule, Arachides.*

Le *Sésame* ou *ouangue*. — Acclimaté.

Le *Coton*. — Ses graines donnent une huile employée pour la savonnerie et l'éclairage.

3. — **Produits agricoles médicinaux.**

Principal produit : Le *Thé*.

On peut cultiver dans la colonie plusieurs succédanés du thé. Le *Corossol* qui est un calmant croît à l'état sauvage, mais gagne à être cultivé ; le *thé Guadeloupe* qui pousse aussi à l'état sauvage, mais que l'on cultive dans les jardins ; le (*Diapana* ou la *Yapana*), la *Citronnelle*, le *Carmentin* qui sont les véritables thés de la Guyane. Si ces feuilles étaient préparées, elles ne seraient guère inférieures au thé de Chine.

Le *Quinquina* pourrait être cultivé dans les terres hautes où on a désespéré de le trouver. (D. Beauve et Ferie affirment l'avoir trouvé dans le haut bassin de l'Oyapock (Miripi, Io, Tamande).

La *Réglisse* remplace imparfaitement celle d'Europe. On fait des colliers avec ses graines comme avec celles du ouabé, du grand et du petit panacoco.

Le *Calalou*. — Feuilles rafraîchissantes. Sa feuille remplace la graine de lin pour cataplasmes et autres usages.

Le *Frangipanier*. — Arbuste grand comme un calebassier. Ses fleurs sont employées avec celles du *Coquelicot* pour la poitrine.

Le *Citronnier*. — Feuilles contre le tétanos.

L'*Oranger*. — Ses feuilles sont un calmant.

Le *Vétiver*. — Racines emménagogues.

L'*Avocatier*. — Feuilles anti-dyssentériques.

La *Crête de coq*. — Ses fleurs infusées arrêtent les pertes de sang chez les femmes.

L'*Aloès*. — On tire de ses feuilles une résine purgative très-amère.

Le *Giroflier*. — Feuilles contre engorgement de la rate.

L'*Oseille de Guinée*. — On tire de ses feuilles et de son fruit un sirop rafraîchissant.

La *Tomate*. — Jus contre ulcères, chancres.

Le *Cotonnier*. — Racines contre tétanos.

Le *Corossolier*. — Racines contre tétanos.

Le *Poivre de Guinée*. — Tétanos.

4. — Produits agricoles résineux.

(Voir les produits forestiers résineux).

5. — Produits agricoles aromatiques.

Produit principal : La *Vanille*.

Le *Vétivert*. — Très-bien acclimaté. Employé en bordures de jardins. Sa racine odorante parfume le linge et a la réputation d'écarter les insectes.

Le *Bétel*. — Originaire de l'Orient, est acclimaté.

6. — Produits agricoles tinctoriaux.

Voir livre III. — Principaux produits : *Roucou, Indigo, Nopal*.

7. — Produits agricoles textiles.

Principaux produits : Le *Coton*, la *Soie*.

Le *Cocotier* dont les fibres de la noix constituent un textile précieux.

L'*Ananas*. — Fibres textiles.

La *Pite* ressemble à l'ananas, on le cultivait autrefois en Espagne pour en faire de la dentelle.

L'*Aloès*.

La *Ramie* vient admirablement. Plusieurs essais sérieux ont été faits avec succès. Donne jusqu'à 4 coupes par an dans les bonnes terres.

Les *Arbres à pain*. — Ecorce textile.

Le *Voukoa (pandanus)*. — Palmier importé de la Réunion où on utilise ses fibres pour la confection de grosses toiles et de gros sacs. Parfaitement acclimaté.

L'*Abaka*. — Originaire de l'Inde. Bien acclimaté. On en fait des hamacs, des moustiquaires, des rideaux de fenêtre, des robes dites écorse.

Le *Bananier*. — Son tronc et ses branches contiennent 25 parties de fil et 75 parties d'eau p. 0/0. Cette partie fibreuse peut s'employer, soit comme textile, soit pour la fabrication du papier.

La *Canne à sucre*. — La partie corticale donne une bonne pâte à papier.

8. — *Café, Cacao, Tabac, Épices, Canne à sucre*.

Voir livre III. — Les productions agricoles.

TABLE DES MATIÈRES.

LIVRE Ier. — LES FORÊTS.

LIVRE II. — LES SAVANES.

LIVRE III. — PRODUCTIONS AGRICOLES.

Pages.

LIVRE IV. — LES MINES.

ANNEXE. — NOMENCLATURE.

I. — LES PRODUITS FORESTIERS.

II. — LES BOIS.

CONSTRUCTION NAVALE.

III. — LES PRODUITS AGRICOLES.